La CHINE et ses PROVINCES.

Société de Saint-Augustin.
Lille, Bruges.

LA CHINE.

LA CHINE.
I. Yun-nan. — II. Thibet. — III. Le Sutchuen. — IV. Kouy-tchéou. — V. Kouangsi. — VI. Kouang-tong. — VII. Macao. — VIII. Hong-Kong. — IX. Amoy, Fo-kien et Formose. — X. Tché-Kian et Kiang-si. — XI. Missions Franciscaines. — XII. Kiangnan. — XIII. Ho-nan. — XIV. Pé-tché-ly. — XV. Missions belges. — XVI. Mandchourie. XVII. Corée.
Societe de Saint-Augustin.
Lille, Bruges.

PRÉFACE.

CHAQUE année d'innombrables publications illustrées paraissent sur les pays étrangers. La relation suivante se distingue de tous les ouvrages du même genre par une note spéciale, qui, dominant tout le récit, est comme la caractéristique du livre : la note religieuse. Au lieu de ne citer, à l'instar des voyageurs ordinaires, que rarement et comme à regret les créations que le zèle apostolique enfante sous tant de formes dans les pays infidèles, nous les mentionnons avec empressement, nous efforçant d'en faire ressortir les avantages, apprécier l'opportunité, valoir le mérite. Sur toutes les plages lointaines où nous rencontrons les missionnaires, une sympathie profonde nous attire vers ces hommes de DIEU. Qu'ils parlent français, anglais, flamand, espagnol, italien ou allemand, ce sont pour nous des frères.

Mais, comme on le verra, l'attention que nous accordons à leurs œuvres ne nous fait négliger aucune des curiosités profanes qui se rencontrent dans leurs différentes missions. Eux-mêmes nous en feront les honneurs. La plupart des dessins qui illustrent le texte ont été gravés d'après des photographies envoyées par ces vaillants apôtres de la foi, qui passent leur vie entière au milieu des populations dont ils ont entrepris l'évangélisation.

Quelle satisfaction le lecteur chrétien ne doit-il pas éprouver en parcourant ces pages ! Ces églises, ces écoles, ces hôpitaux semés sur tous les points du monde, n'est-ce pas l'Œuvre de la Propagation de la Foi, n'est-ce pas l'humble obole jetée chaque semaine dans le trésor commun des missionnaires par les fidèles de tous les pays, qui les a édifiés et qui les entretient ? Quelle joie pour nous en voyant combien de missions nouvelles ont été rendues possibles, combien de missions anciennes ont été rendues florissantes, grâce aux modestes cotisations dont la multitude constitue le royal budget de l'apostolat ! Quel bonheur d'avoir contribué au splendide épanouissement de la vraie foi, dont nous sommes aujourd'hui les témoins !

Sans abandonner aucune des œuvres destinées à soulager les souffrances de ceux qui nous touchent de près, n'oublions donc pas le denier hebdomadaire, le sou par semaine de la Propagation de la Foi. Ce léger sacrifice ne restera pas, même dès maintenant, sans récompense. Les vingt mille missionnaires disséminés sous toutes les latitudes immolent chaque jour l'Hostie sainte pour tous leurs bienfaiteurs ; leurs prières, unies aux prières de leurs orphelins, de leurs néophytes, de leurs martyrs, feront descendre sur nous d'incessantes et abondantes bénédictions.

La Chine.

Les dix-huit provinces. Cultes dominants. Coutumes curieuses. Personnages : Mandarins, Amiraux, Acteurs, Médecins, Le Théâtre, L'Opium.

UNE voie tout a fait inusitée pour des Européens va nous introduire au cœur de l'immense empire des Fils du Ciel.

Remontant la grande artère commerciale du Tong-King jusqu'à Lao-Koi, ces Thermopyles de la Chine, nous nous glisserons, par la vallée du Fleuve-Rouge, en plein Yun-Nan, l'une des plus grandes des dix-huit provinces de l'empire.

Quelques réflexions préliminaires avant de nous engager dans le royaume du Milieu.

En Chine, les fleuves et les rivières n'ont pas de nom, ou plutôt ne conservent pas le même nom dans tout leur parcours. Ainsi le nom d'un cours d'eau indiqué sur une carte n'est généralement applicable qu'à l'endroit où il est noté. Les très grands fleuves seuls portent le même nom dans tout leur parcours.

Il en est des montagnes comme des fleuves. Il n'y a pas de nom commun qui désigne une chaîne de montagnes. Chaque pic a son nom particulier.

Chaque province de la Chine est gouvernée par un vice-roi *(tsoung-tou)* et se divise en préfectures ou *fou*, qui se subdivisent en sous-préfectures ou *tchéou* et *hien*. La terminaison du nom de chaque ville indique son rang dans la hiérarchie administrative. Ainsi *fou* (ville de 1er ordre) désigne le chef-lieu de préfecture ; *tchéou* (ville de 2e ordre), la sous-préfecture de 1re classe ; et *hien* (ville de 3e ordre), la sous-préfecture de 2e classe.

Cultes dominants.— Les principales religions de la Chine sont : le taoïsme, datant de 551 ans avant JÉSUS-CHRIST ; le bouddhisme, introduit l'an 55 de notre ère ; l'islamisme, qui date du septième siècle. L'introduction du christianisme en Chine remonte d'une manière certaine à l'an 638.

Mœurs et coutumes. — Nous allons parcourir la Chine en tous sens, décrire ses provinces, ses principales villes, ses missions. Faisons au préalable un peu connaissance avec les habitants. Un mot sur les usages les plus curieux intéressera le lecteur.

Tout le monde a entendu parler des petits bâtonnets que manient si dextrement les Chinois en guise de cuillers. Ils les tiennent tous deux d'une seule main : le premier reste fixe, le second entre le pouce et l'index se meut en pince à sucre sur le premier. Et le riz ? me demandera-t-on. Pour manger le riz, on porte aux lèvres la tasse qui le contient, et des deux baguettes réunies entre le pouce, l'index et le médium, on aide le contenu à pénétrer dans la bouche. Ce procédé, j'en suis sûr, déplaira à tous ceux qui pensent que les Chinois, tenant leurs baguettes, comme un tambour les siennes pour un roulement, font sauter un à un les grains de riz dans leur bouche. Ce serait plus amusant et plus pittoresque, je l'avoue ; mais cela ne se passe pas ainsi.

En Chine, l'aiguille aimantée marque le sud ; il y a cinq points cardinaux ; la gauche est la place d'honneur ; le blanc est la couleur de deuil ; la politesse exige que l'on reste la tête couverte devant un supérieur ou devant une personne que l'on veut honorer ; on lit un livre en commençant par la droite ; on mange les fruits au début du dîner et la soupe à la fin ; dans les écoles, les enfants doivent apprendre tout haut leur leçon et la réciter tous à la fois ; la noblesse conférée à un homme pour un service éclatant rendu à l'État, ne s'étend point à ses descendants et n'ennoblit que ses ancêtres, qui deviennent tous, par un effet rétroactif, ou ducs ou barons, tandis que ses enfants restent dans la foule. On pourrait remplir de nombreuses pages de ces étonnants contrastes entre la civilisation chinoise et celle de l'Occident.

Mandarins. — On donne vulgairement, en Europe, le nom de *Mandarin* à tout fonctionnaire public de la Chine. Cette dénomination n'est point chinoise. On pense qu'elle vient du mot portugais *mandar*, qui veut dire *commander, ordonner ;* d'où l'on a fait le mot mandarin. Aujourd'hui, cette expression est généralement admise. Un préjugé, très répandu en Europe, fait regarder la Chine comme un pays sans organisation administrative. Cet empire est en possession, depuis des siècles, d'une organisation très complète, et qui n'a rien à emprunter aux autres peuples qui passent pour plus policés. Les rouages de cette administration fonctionnent avec constance et régularité. Les abus inévitables que font de leur autorité certains mandarins ne prouvent rien contre la bonne organisation et la sagesse des règles de l'administration chinoise.

En Chine, les six grands ministères et les conseils de la Couronne préparent, comme chez nous, l'expédition des affaires. Tout est

Mandarin civil ; d'après une peinture chinoise.

à peu près réglé lorsque les projets de lois et d'ordonnances sont soumis à la sanction impériale. Le pouvoir exécutif est exclusivement réservé au souverain, et, dans les actes impériaux, on ne voit que son action directe. Tout le personnel des fonctionnaires publics de la Chine se divise en neuf ordres, *Kieou pin.* Chaque ordre se subdivise en deux rangs ou degrés, *eul ky ;* ce qui forme une hiérarchie de dix-huit rangs ou degrés dans le mandarinat. Vu l'immense étendue de l'Empire et surtout son exubérante population, le nombre des fonctionnaires publics est relativement très restreint.

On distingue le mandarinat civil-judiciaire ou de robe, et le mandarinat militaire ou d'épée. Le premier compte neuf ordres doubles ou dix-huit rangs ; le second ne va qu'au septième degré.

Sous la dynastie actuelle, les Tartares-Mandchous occupent presque toutes les hautes charges militaires de l'Empire, afin de contrebalancer l'influence des dignitaires chinois. Les grades militaires sont, en outre, divisés en trois ordres : 1° l'ordre des mandarins militaires à titre héréditaire, *Chè thé*, comprenant tous ceux qui ont un titre de noblesse héréditaire ; 2° l'ordre des mandarins militaires sortis des examens, *Où ko ;* 3° l'ordre des mandarins militaires dont la vie est obscure. Ceux-ci ne parviennent que par exception à l'un des trois premiers rangs de l'ordre hiérarchique.

Chacun peut, en Chine, parvenir par son mérite aux charges publiques, même les plus élevées, soit civiles, soit militaires. Il n'y a d'exclusion que pour ceux qui ont exercé certaines professions réputées infamantes. Pour remplir l'office de mandarin, il faut toutefois appartenir à l'une ou l'autre des huit catégories des lettrés, selon la charge à laquelle on aspire. Nul ne peut être mandarin dans sa propre province. La loi chinoise défend à un mandarin de contracter mariage avec une personne du département ou de la province qu'il gouverne, d'y acheter des biens-fonds, d'y prêter de l'argent, etc. Si, durant l'exercice de sa charge, un mandarin perd son père ou sa mère, il doit rentrer dans la vie privée pendant vingt-sept mois, durée du deuil, pour observer les devoirs de la piété filiale. La classe des mandarins est la première de toutes. Le traitement officiel des mandarins est très minime. Les ouvrages nombreux écrits en Chine sur la piété filiale en donnent cette raison très philosophique : « Il serait funeste que les dignitaires aigrissent le sentiment de la vie laborieuse du peuple par le spectacle insultant de leur faste et de leurs plaisirs. »

Chacun des ordres du mandarinat a son costume officiel distinct, et réglé par la loi, soit quant à la forme, soit quant à la couleur des vêtements, selon les saisons de l'année. Le globule porté sur le bonnet de cérémonie et dont la matière diffère à chaque ordre, la grosseur et la richesse du collier à gros grains, les emblèmes divers brodés sur le double rational de chaque ordre des mandarins, la plume de paon, la couleur de la ceinture : tels sont les signes distinctifs des mandarins entre eux. En général, les deux rangs d'un même ordre ont les mêmes insignes ; ils sont d'une dimension plus petite pour le second rang. Les titres d'honneur ou d'appellation, pour chaque classe du mandarinat, sont pareillement déterminés par les rites chinois.

Amiraux chinois. — A la tête de la marine chinoise se trouve un amiral général qui réside à Fou-tchéou-fou. Il prend rang avant les douze *tsyan-kyun* (généraux de division) de l'armée tartare. Deux vice-amiraux, marchant avec les généraux de division, se trouvent à Fou-tchéou et à Canton.

Nous donnons, d'après une photographie, le portrait d'un vice-amiral chinois. Le rang qu'occupe ce haut fonctionnaire dans la hiérarchie militaire est indiqué par les globules et le pectoral orné d'une figure d'oiseau.

La flotte chinoise se composait, en 1876, de trois escadres. La première escadre, celle de Canton, comptait trois jonques à vapeur et neuf canonnières, dont deux achetées aux Anglais et sept construites en Angleterre. La deuxième, celle de Fou-tchéou, une corvette, six canonnières et huit transports. La troisième, à Chang-hai, deux frégates et neuf canonnières dont une cuirassée. En tout, trente-huit navires, qui sont loin de présenter un ensemble homogène. A la même époque, le gouvernement de Péking faisait construire en Angleterre quatre canonnières destinées à recevoir chacune une pièce d'artillerie du poids de 26,000 à 38,000.

Pendant longtemps, la marine militaire chinoise ne se composait que de navires presque entièrement semblables aux bâtiments affectés au commerce, et par conséquent peu propres à entreprendre de longues et périlleuses expéditions. Mais, depuis quelques années, les Chinois font d'importantes commandes aux grands chantiers allemands de constructions navales, et leur escadre comptera prochainement tous les types de la marine européenne, depuis le cuirassé jusqu'au torpilleur.

Médecins. — L'exercice de la médecine est tout-à-fait libre en Chine. Quiconque a lu quelques livres de recettes et étudié la nomenclature des médicaments, a le droit de se lancer avec intrépidité dans l'art de guérir ses semblables ou de les tuer. Se fait docteur qui veut. Cette profession est particulièrement embrassée par les nombreux bacheliers qui ne peuvent parvenir aux grades supérieurs, ni prétendre au mandarinat. Mais, si le gouvernement ne se met pas en peine de constater leur savoir et de leur délivrer des diplômes, le *Code pénal* de la Chine a pour eux des rigueurs dans les cas malheureux. Tout n'est pas rose dans la vie du médecin chinois ; le malade

Vice-amiral Chinois ; d'après une photographie.

qu'il a promis de guérir vient-il à mourir, le pauvre docteur est souvent obligé de se cacher ou de se sauver loin de son pays pour éviter la prison, les amendes, les coups de bambou et quelquefois pis encore.

« Je ne crois pas exagérer, raconte un voyageur, en disant qu'en fait de science médicale, ce que savent les Chinois et rien est à peu près la même chose. La chance et les présages favorables sont tout à leurs yeux ; et il est certain qu'une bonne constitution, capable de résister à l'effet de leurs atroces médecines, est encore ce qu'il y a de plus sûr pour le malade qui a le malheur de tomber, par hasard ou autrement, entre les mains d'un charlatan du céleste Empire. Peut-être, après tout, croient-ils suivre un bon principe quand ils administrent un peu de tout à celui qui s'obstine à ne pas guérir, afin que la maladie, quelle qu'elle soit, puisse choisir, dans la masse hétérogène, le remède qui lui convient. »

On aurait tort de prendre à la lettre cette boutade échappée à une plume humouristique.

La médecine des Chinois est sans doute plus empirique que scientifique; mais, pour quiconque connaît le prodigieux talent d'observation dont ils sont doués, la pénétration et la sagacité avec lesquelles ils remarquent une foule de choses auxquelles des esprits supérieurs ne feraient jamais attention, l'habitude qu'ils ont de recueillir et de conserver par l'écriture les découvertes les plus importan tes, il est incontestable qu'ils sont en possession, sous le rapport des sciences et des arts, d'un véritable trésor de connaissances utiles. A s'en tenir à ce qui est relatif à la seule médecine, on trouve chez eux des moyens curatifs suffisants et proportionnés à leurs besoins. On les voit même quelquefois traiter avec le plus grand succès des maladies qui dérouteraient la science de nos célèbres Facultés. « Il n'est pas de missionnaire, dit M. Huc, qui, dans ses courses apostoliques, n'ait été témoin de quelque fait capable d'exciter sa surprise et son admiration. Lorsqu'un médecin est parvenu à guérir promptement et radicalement une maladie présentant tous les symptômes les plus graves et les plus dangereux, il ne faut pas s'amuser à discuter savamment les moyens qui ont été employés, et chercher à prouver leur inefficacité. Le malade a été guéri, il jouit actuellement d'une parfaite santé, voilà l'essentiel. Il n'est personne qui ne préfère être sauvé bêtement que tué par un procédé scientifique. »

La thérapeutique des Chinois emprunte plutôt aux simples qu'aux préparations chimiques ses principaux moyens de guérir ; presque tous leurs remèdes consistent en décoctions et en fortes tisanes. On prescrit une diète rigoureuse dans toute maladie grave, et l'usage de l'eau crue est totalement interdit. La saignée est rarement pratiquée en Chine, comme dans presque tous les autres pays de la Haute-Asie. Mais, en revanche, on y fait fréquemment usage de l'acupuncture.

Les médecins chinois jugent de l'état d'un malade et du genre de sa maladie par la couleur de son visage, par celle de ses yeux, par l'inspection de sa langue, de ses narines, de ses oreilles, et par le son de sa voix ; mais c'est surtout d'après la connaissance du pouls qu'ils fondent leur diagnostic le plus sûr. Ces praticiens admettent différents pouls, qui correspondent au cœur, au foie et aux principaux organes. Pour bien tâter le pouls, il faut les étudier tous, les uns après les autres, et quelquefois plusieurs ensemble, afin de saisir les rapports qu'ils ont entre eux,

Le respect pour les morts, fondé sur la piété filiale, a été longtemps, en Chine, un obstacle aux études anatomiques. Mais si les médecins ont négligé l'observation de la nature morte, ils ont étudié longuement, profondément et utilement, la nature vivante, dont une expérience de trente siècles leur a dévoilé plusieurs secrets. C'est ainsi que, bien avant les autres nations, les Chinois découvrirent la circulation du sang, et leurs médecins savaient déjà en calculer la vitesse, que nous ne nous doutions pas même qu'elle existât.

Le Théâtre. — La littérature chinoise est plus riche en œuvres dramatiques qu'on ne se le figure généralement en Europe. Parmi les nombreuses collections théâtrales de la Chine, quelques-unes sont fort estimées pour la perfection et la variété des pièces qu'elles renferment.

Le drame, tragédie ou comédie, débute ordinairement par une sorte de prologue ou d'introduction *(siè-tseu)*, et se divise en plusieurs parties appelées *tché*, qui correspondent tout-à-fait aux actes de nos pièces de théâtre, avec cette différence que les scènes n'y sont point distinctes les unes des autres. On y indique néanmoins l'entrée et la sortie de chaque personnage par ces mots : *chang*, « il monte, » et *hia*, « il descend. » L'introduction sert à exposer l'argument de la pièce, afin de donner à l'auditoire une connaissance anticipée du drame. Tous les personnages qui y figurent commencent par décliner leurs noms et par indiquer le rôle qu'ils vont jouer ; cette singulière pratique se continue d'ailleurs, dans tout le cours de la pièce, de la part de chaque acteur nouveau qui paraît sur la scène.

Les règles dramatiques admises en Chine sont loin d'être les mêmes que celles consacrées en Europe.

Ce n'est point une action unique qu'on représente, c'est la vie entière d'un héros avec tout un ensemble d'événements, dont la durée comprend souvent une longue période historique. L'unité du lieu de la scène n'est pas mieux observée : le spectateur, qui est en Chine au premier acte, se trouve dans le second transporté dans la Tartarie. L'auteur chinois ne s'applique qu'à plaire, à toucher, à exciter à la vertu et à rendre le vice odieux par le spectacle des nobles enseignements de l'histoire ou par des peintures supposées.

Aux yeux des rhéteurs chinois, l'utilité morale est en principe la première des règles pour toute représentation dramatique, règle par excellence, que le code pénal, en cas d'oubli, se charge parfois de confirmer.

Afin de mieux accentuer le sens moral de la pièce et d'en graver plus fortement les enseignements dans l'esprit des auditeurs, on a imaginé le rôle du *personnage qui chante*, rôle qui donne au drame une physionomie tout originale. C'est toujours le héros de la pièce. C'est lui qui, dans un langage lyrique figuré, pompeux, invoque la majesté des souvenirs, cite les maximes des sages, les préceptes des philosophes, ou rapporte les exemples fameux de l'histoire et de la mythologie.

Les personnages du drame chinois représentent sur la scène toutes les classes de la société. On y voit figurer les mandarins à côté des laboureurs, les lettrés avec les artisans, la grande dame et la fille du peuple, et quand, dans une pièce, le merveilleux se mêle au naturel, il n'est pas rare de voir apparaître quelque dieu ou déesse. Il y eut des temps où la loi défendait à tous les musiciens et acteurs de faire figurer dans leurs pièces les empereurs, les impératrices et les princes, les ministres et les généraux fameux des premiers âges. Cette loi prohibitive, rendant impossible la représentation des scènes théâtrales les plus ordinaires et les plus recherchées, est tout-à-fait tombée en désuétude.

Les artistes dramatiques savent ordinairement approprier à merveille les costumes à leurs rôles, et éviter sur ce point les anachronismes, dont souvent on ne se fait pas faute ailleurs. « Comme la plupart des pièces chinoises, dit M. Davis, ont une couleur historique, et, pour de bonnes raisons, ne se rapportent pas aux événements qui se sont succédé depuis la conquête tartare, les costumes des Chinois sont ceux qu'ils portaient antérieurement à la dynastie des Thsing. » Ces costumes de théâtre sont quelquefois d'une rare magnificence.

Le goût des Chinois pour ce genre de divertissements est tel, qu'on les voit souvent, dans les transactions commerciales de grande importance, stipuler, par-dessus le marché, un certain nombre de comédies. Il n'est pas même jusqu'aux disputes et aux contestations qui ne deviennent parfois l'occasion de courir au théâtre. Celui qui est convaincu d'avoir tort, est condamné par les arbitres à payer une ou deux représentations. On chercherait vainement ailleurs, n'est-il pas vrai, une plus agréable façon d'arranger les différends.

Les comédiens ne jouissent en Chine d'aucune sorte de considération et ne prennent rang dans aucune classe de citoyens. Le mépris général dont ils sont l'objet vient plutôt de la bassesse de leur naissance et de l'abjection de leur condition personnelle que de leur profession même. Ce sont, pour l'ordinaire, des enfants d'esclaves qu'un entrepreneur achète pour en faire des acteurs, et qui ne sont jamais autre chose que de simples valets à gages. On conçoit que, dans de pareilles conditions, la profession de l'acteur chinois, loin de pouvoir s'élever à la dignité d'un art estimable, ne demeure jamais qu'un vil métier. En Chine, les feuilles publiques s'empressent de faire connaître à tout l'Empire le nom du plus obscur légionnaire qui s'est montré avec courage dans un combat ; elles annonceront avec éclat l'acte de piété filiale, le trait de modestie et de pudeur d'une simple fille des champs ; mais un écrivain serait puni s'il osait insulter à la nation jusqu'à l'entretenir, dans les gazettes, du jeu, de la figure et des succès d'un histrion.

L'Opium. — Les missionnaires ont souvent parlé des ravages

CHINE. — Une fumerie d'opium.

que cause l'usage de l'opium en Chine, et des progrès avec lesquels cette habitude délétère se répand chaque année dans l'Empire. L'opium fut d'abord à l'usage exclusif des mandarins, qui le fumaient pour se donner du ton. Ils en offraient à ceux qui venaient leur rendre visite, comme une curiosité, pour leur faire honneur, et ceux-ci n'osaient refuser. Peu à peu l'habitude s'en répandit ainsi dans les classes riches, parmi les lettrés, la noblesse, les gens approchant par leur position des mandarins, et parvint même, sous le nom de *tabac d'honneur*, à la connaissance du peuple, qui le fuma d'abord par amour-propre, puis par goût. Aujourd'hui, il n'y a point un district de la Chine où il n'exerce son empire ; il a pénétré dans le palais des souverains aussi bien que dans la cabane du pauvre. Le gouvernement chinois est impuissant à remédier au mal, il a tout le monde contre lui.

A Péking, on fume l'opium presque à tous les âges, et cependant on a encore, en général, le sentiment que c'est un abus et presque un vice. On va fumer surtout dans les tabagies, qui ont pour enseigne des feuilles de papier brunies de fumée d'opium, collées sur le mur ou sur la porte ; on fume chez les comédiens ou chez soi. Il y aura toujours, du reste, un empêchement à ce que cet usage étrange devienne, au moins en apparence, aussi commun que celui du tabac en Europe : c'est que l'opium ne peut pas se fumer debout ; on ne le fume que couché.

Pour se livrer à ce prétendu délice, il faut se munir de différentes choses : d'abord d'une petite lampe, sorte de veilleuse à l'huile ; d'une épingle de douze à quatorze centimètres de long, d'une pipe dont le tuyau, qui a trois centimètres de diamètre sur trente à trente-cinq centimètres de long, est surmonté à son extrémité d'une boule de porcelaine percée d'une cheminée assez large pour l'introduction d'une épingle à cheveux, et enfin d'opium à l'état aqueux, contenu la plupart du temps dans une coquille. On en prend une goutte à l'aide de l'épingle, on la chauffe légèrement à la flamme de la lampe, et lorsque cette goutte se boursoufle et va se dessécher, on la pique sur le trou du fourneau de porcelaine. On s'allonge alors, la tête appuyée sur un coussin, et de la main gauche on approche la pipe de la lampe, tandis que, de la main droite tenant l'aiguille, on ramène sur le trou l'opium embrasé, dont on aspire d'un unique et long trait la fumée.

Si l'on veut se rendre compte des funestes effets de l'opium, il ne faut pas les comparer à ceux du tabac, qui sont relativement inoffensifs : on doit plutôt songer aux abus, non pas du vin, mais de l'alcool, qui agit si fatalement sur la santé, sur l'intelligence et sur le caractère.

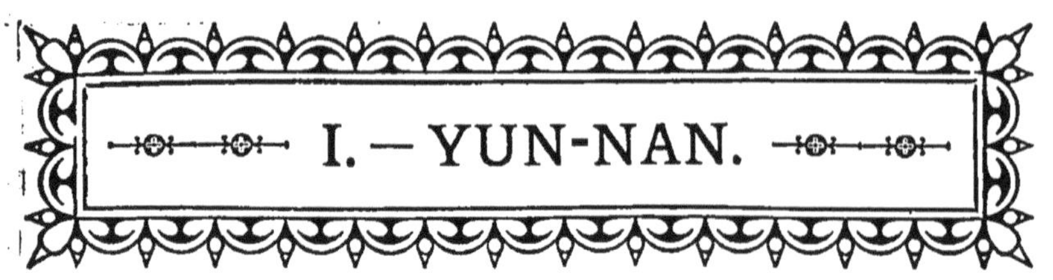

I. — YUN-NAN.

PEU de provinces chinoises sont plus mal connues que le Yun-nan. Pourtant sa proximité de la Birmanie, la possibilité de relier par elle le royaume du Milieu avec l'Inde, la richesse minéralogique de son sol, devaient tenter, et, de fait, ont plusieurs fois tenté les explorateurs anglais, tandis que les Français devaient naturellement s'y frayer une route par la voie du Tong-king. Qui ne se souvient du voyageur Margary et de tant d'autres ?

On évalue à 317.000 kilomètres carrés, plus de la moitié du territoire français, son étendue superficielle. Sa population paraît flotter entre six et dix millions d'âmes.

La résidence de l'évêque de l'immense mission qui comprend toute cette province, située à Long-ky, ressemble moins à un palais épiscopal qu'à une forteresse. Tout y est combiné pour repousser avec succès une attaque à main-armée. Les fréquentes incursions des rebelles ne donnent que trop de raison d'être à cet appareil militaire. Plus d'une fois les chrétiens des alentours ont dû se replier à la hâte sur ce quartier-général d'un nouveau genre, et ont sauvé leur vie en s'abritant derrière les remparts de leur premier pasteur.

Yun-nan-sen. — La capitale de la province mérite une description. Rien n'est plus enchanteur que le site de Yun-nan-sen. A l'est, c'est la plaine large, coupée de canaux et parsemée de rizières. Au midi, s'étend le vaste et majestueux lac de Kouen-yang, sillonné de barques, et dont les rives, bordées d'algues marines, sont peuplées de tout un monde d'oiseaux aquatiques. Au nord et un peu à l'ouest le terrain s'accentue et s'élève, pour se transformer peu à peu en de véritables montagnes.

Bâtie sur une colline que domine un palais impérial, Yun-nan-sen joint aux avantages d'une place forte tous les agréments d'une ville de plaisance. De nombreux jardins plantés d'arbres séculaires, au feuillage toujours vert, la couvrent d'ombrage et lui donnent à l'extérieur l'aspect d'un bocage. Ses rues sont larges et très propres ; les maisons n'ont qu'un étage, mais elles sont solides et bien bâties ; au milieu de la ville se trouve un joli lac entouré de ravissantes promenades, de pagodes et de jardins.

Un des monuments les plus remarquables, c'est l'antique et indestructible palais du roi Ou-san-kouy. Il n'est pas dans l'enceinte de la ville, mais à six kilomètres des remparts. Il est bâti en cuivre et en marbre. On dit que, dans la dernière guerre, les musulmans ont essayé de le démolir, mais qu'ils ont reculé devant la difficulté. Chaque tuile de la toiture est en cuivre et ne pèse pas moins de trente à quarante livres; les colonnes, également en cuivre, mesurent quinze à vingt pieds de hauteur sur un pied de diamètre. C'est un travail prodigieux qui, à lui seul, prouverait l'abondance des mines de cuivre dans la province.

Yun-nan-sen, naguère encore très populeuse et très commerçante, est aujourd'hui bien déchue de sa splendeur. La ville extérieure, en dehors des murailles, était surtout importante, et aussi considérable par sa population que par ses richesses. Quelques-uns de ses faubourgs avaient plus de deux kilomètres de longueur ; on y trouvait quantité de portiques, de maisons magnifiques et de pagodes. C'était là que se faisaient toutes les transactions commerciales. Pendant la guerre, ces faubourgs ont été complètement rasés, les maisons incendiées, et la population, entièrement ruinée, a été dispersée de tous côtés.

Aujourd'hui, la ville commence à reprendre son ancienne physionomie. Les particuliers reconstruisent leurs maisons, et les autorités relèvent peu à peu les monuments publics. Avant dix ans, cette ville, qui paraissait vouée à la destruction, sera probablement redevenue ce qu'elle était jadis.

Missionnaires martyrs. — Le Yun-nan a eu ses martyrs en ces dernières années. En 1874, le P. Baptifaud était massacré par les rebelles. Mais c'est surtout pendant la fermentation provoquée par l'expédition franco-tonkinoise que le sang chrétien coula : un grand nombre de néophytes et un nouveau missionnaire français devaient être offerts en holocauste. La persécution y commença au mois de mars 1883. La province avait alors pour gouverneur le fameux Tsen-Ta-Jen. L'homme et ses opinions étaient connus. Dans un voyage que Tsen-Ta-Jen avait fait à Tien-Tsin, n'avait-il pas répondu à Ly-Hung-Tchang, qui l'invitait à rendre visite au consul anglais :

« — Excellence, si vous voulez ma tête, prenez-la ; mais aller visiter un Européen, jamais! »

Pour ceux qui désiraient molester les chrétiens ou tuer un missionnaire, il n'était donc pas besoin de se gêner. Personne ne se gêna.

Le missionnaire de Tchang-Yn, le P. Terrasse, fut la première victime de l'effervescence populaire ; dans cette voie royale et sanglante, il allait en précéder bien d'autres.

Ce zélé missionnaire était allé passer la fête de Pâques (1883) à Tchâng-Yn, chrétienté qu'il avait ouverte récemment, lorsque, dans la nuit du 27 au 28 mars, il fut bloqué dans sa maison. Deux cents personnes environ, conduites par les lettrés et les chefs de l'endroit, firent irruption dans sa pauvre demeure et massacrèrent tous ceux qui s'y trouvaient. M. Terrasse tomba le premier, frappé de plusieurs coups mortels ; les sept personnes qui l'aidaient à instruire les nouveaux chrétiens furent également égorgées. Après cet exploit, les persécuteurs pillèrent toutes les maisons chrétiennes et les incendièrent pour la plupart. Un grand nombre de néophytes furent tués ou brûlés.

Cependant, malgré sa haine contre la religion et les Européens, le vice-roi arrêta ces scènes d'horreur. Il craignait de se compromettre. Si les Français, qui campaient sur le fleuve Rouge, s'avisaient de venir venger leurs compatriotes, ou même d'imiter les envoyés anglais qui, au nom de leur gouvernement, avaient parcouru le Yunnan pour rechercher et punir les assassins de Margary, évidemment lui, Tsen-Ta-Jen, le vainqueur des musulmans, le gouverneur d'une des dix-huit provinces, était à tout jamais perdu. L'intérêt fut plus éloquent que la haine : la persécution cessa.

Si le regard du vice-roi avait entrevu l'avenir, peut-être aurait-il laissé continuer l'œuvre dévastatrice. A peine un mois et demi, en effet, s'était écoulé depuis la mort du P. Terrasse, de ses catéchistes et de ses chrétiens, que la France subissait un échec au Tong-king. A quelques centaines de mètres de Hà-Nôi, à la même place où était tombé Garnier dix ans auparavant, le commandant Rivière était tué avec 29 soldats. C'était le 19 mai.

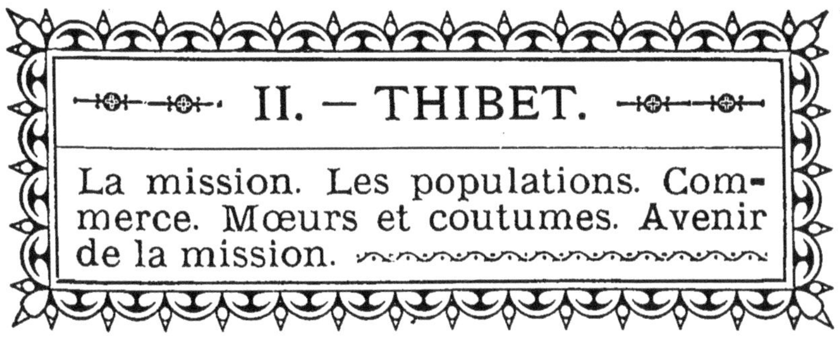

II. — THIBET.

La mission. Les populations. Commerce. Mœurs et coutumes. Avenir de la mission.

BORNÉE au sud par la colossale barrière de l'Himalaya, s'ouvrant au nord sur les steppes de l'Asie centrale, cette immense contrée confine au Yun-nan à l'ouest.

La mission. — Des tribulations de toute sorte n'ont cessé d'entraver l'œuvre de DIEU dans cette forteresse des lamas. Les vaillants apôtres qui, depuis des années, ensemencent sans se décourager cette terre ingrate, ont jusqu'ici recueilli plus de mérites pour le ciel, plus de fruits de patience, que de fruits de conversions. Sur la population de 4.000.000 d'âmes que renferme le Thibet, un millier seulement ont embrassé la vraie foi.

Et pourtant, dès les premiers siècles de l'ère chrétienne, mais surtout au moyen âge, le Thibet avait reçu une forte empreinte de christianisme. Il semblerait donc que maintenant il devrait y avoir dans cette région, plus que dans beaucoup d'autres, une sorte de préparation évangélique ; les institutions, les rites, les cérémonies religieuses imitées du catholicisme et introduites dans le bouddhisme par la réforme du grand lama Tsong-kaba, semblaient devoir frayer providentiellement la voie à nos missionnaires arrivés au Thibet dans la dernière période de ce siècle.

Mais si le christianisme trouvait au Thibet des populations préparées à écouter son enseignement moral et à recevoir ses rites et ses institutions, il y était combattu par deux influences qui ont rendu stériles jusqu'ici presque tous les efforts et le zèle des missionnaires du Thibet.

Ces deux influences sont, d'une part, celle des lamaseries ; de l'autre, celle des Chinois, qui tiennent le pays enchaîné dans les liens de leur suzeraineté politique.

Les lamaseries vivent des aumônes qu'elles reçoivent et des biens qu'elles possèdent. Elles vivent avant tout de l'influence que les lamas ont sur les populations crédules et superstitieuses qui les nourrissent. Le progrès du christianisme serait la ruine de leur institution : elles ont intérêt à le proscrire, et elles le proscrivent et le persécutent de nos jours, comme elles l'ont proscrit et persécuté à d'autres époques.

L'autre influence, non moins puissante et non moins haineuse, c'est l'influence des Chinois, maîtres presque absolus du pays. Ce sont les Chinois, unis aux lamas pour combattre les progrès du christianisme, qui ont détruit les heureux fruits des missions essayées au Thibet depuis 1847.

Au moment où les missionnaires voyaient s'ouvrir devant eux les plus belles espérances, alors que l'Évangile, publiquement annoncé aux foules, pénétrait doucement les cœurs, que le désert commençait à fleurir, que des chapelles, des écoles, des orphelinats s'élevaient comme par enchantement, l'influence toute-puissante de la Chine vint arracher les missionnaires à leurs catéchumènes. Des bandes de furieux, excités par les lamas et les légats impériaux de l'Hassa, vinrent fondre comme une tempête sur ces paisibles chrétientés. Tout fut brûlé, pillé et brisé par les menaces et par la violence. Des chrétiens, arrêtés par des satellites chinois on thibétains, furent noyés ou mis à mort ; ceux qui avaient pu échapper par la fuite furent traqués dans les bois comme des bêtes fauves ; les païens mêmes qui avaient rendu quelques services aux chrétientés furent maltraités et frappés de fortes contributions.

Quant aux missionnaires, plusieurs d'entre eux tombèrent victimes de leur dévouement et allèrent grossir au ciel la glorieuse phalange des martyrs ; les autres furent reconduits comme des malfaiteurs au-delà de la frontière thibétaine. Depuis 1865, aucun missionnaire n'a pu mettre le pied sur le sol du Thibet proprement dit ; la mission n'existe plus que sur les terres du Su-tchuen et du Yun-nan, faisant partie de l'empire chinois. Ces contrées sont habitées, en grande partie, par une population thibétaine et par les sauvages mossos et lyssous.

Actuellement la mission du Thibet a à sa tête un évêque, ayant sous sa juridiction quinze missionnaires ; la mission compte onze cents chrétiens et possède dix églises et chapelles, onze écoles et orphelinats, un séminaire et plusieurs pharmacies.

Un nouveau poste a été fondé en 1882, dans les Himalayas, sur la frontière sud du Thibet. Une petite école thibétaine et un orphelinat d'enfants thibétains et boutaniens sont en bonne voie de formation, et promettent, pour un avenir prochain, de nouvelles espérances. Plusieurs adultes et une vingtaine de petits enfants ont déjà réçu la grâce du saint baptême.

Populations. — Il y a des nuances très nombreuses, et souvent même des différences essentielles entre les tribus multiples qui peuplent les flancs de l'Himalaya. Généralement, les tribus himalayennes ne se mêlent pas entre elles, et ne s'allient pas avec les peuplades étrangères ; toutes gardent, avec leurs mœurs spéciales, leurs coutumes et leurs usages. De là une grande variété pittoresque, et la nécessité absolue de ne jamais conclure du particulier au général dans les observations.

Ainsi, à côté du Boutanien grand et robuste, le Népalien est, au contraire, d'une taille très ordinaire, d'une allure plus souple et plus énergique, d'un caractère plus actif et plus audacieux ; le Lepcha offre le contraste de la mollesse et d'un rare abandon si on le compare à la rudesse et à la persévérance d'autres tribus voisines.

Trois populations distinctes se partagent la partie centrale des Himalayas. Chaque race a ses conditions différentes et son industrie ou sa spécialité agricole ; mais il est difficile d'établir des conditions générales d'industrie et de production entièrement propres à chaque peuple pris en particulier. En général, cependant, on peut dire que le montagnard n'a pas de besoins ; ses champs et ses troupeaux lui fournissent ses subsistances, sa case est construite en bambou, il tisse lui-même ses habits et les orne. Ces costumes sont assez bien colorés et ne manquent pas d'un certain cachet d'originalité ; les bijoux sont toujours intéressants et d'un travail curieux. Mais c'est surtout dans les races elles-mêmes, l'attitude, le geste, la démarche, le caractère, que résident les particularités qui distinguent les peuplades des diverses régions de l'Himalaya.

Les Lepchas formaient autrefois la principale population du Sikkim. Bien que visiblement à son déclin, ce peuple offre encore par ses traits généraux, par son langage, par ses coutumes si caractérisées, un véritable type de tribu montagnarde. Sans histoire, presque sans traditions précises, il va disparaissant comme un souvenir que le temps efface et qui tombera dans l'oubli. Les Lepchas sont surtout agriculteurs. A part certaines époques consacrées à la pêche ou à la chasse, ils dépendent entièrement des produits du sol pour leur nourriture. Hommes et femmes prennent chez eux une part égale aux travaux des champs. Ils attachent une grande importance à la culture de l'orge, mais ils cultivent très peu de légumes ; ils trouvent dans les fruits et les plantes sauvages qui les entourent de quoi suppléer à l'insuffisance de leurs potagers.

Le Népalien est de moyenne stature, brun de peau et de cheveux ; il est alerte et d'une belle allure, d'un esprit vif, d'un caractère éveillé et facétieux. Ouvrier renommé, il devient infatigable quand la nécessité le pousse, et ses facultés le rendent très propre aux travaux des champs. Il est aussi intelligent, fin et rusé, très attaché aux usages de ses ancêtres, et, quels que soient les bienfaits que lui offrent les progrès de la civilisation, il n'est pas moins que les autres peuples de l'Himalaya réfractaire aux innovations européennes.

L'esclavage subsiste encore au Népaul ; chaque personne riche a toujours un grand nombre d'esclaves. Ils sont généralement bien traités et parfaitement contents de leur sort. Le prix d'un esclave varie de deux à quatre cents francs. La peine de mort n'est guère prononcée que pour les crimes suivants : meurtre, trahison et désertion. La famille est assez bien constituée au Népaul ; l'autorité du père est absolue ; celle de la mère, bien que purement morale, est très respectée de ses enfants. L'aîné reçoit la plus forte portion de l'héritage, mais les autres fils et les filles elles-mêmes ont aussi une part.

Les femmes sont bien traitées et jouissent de beaucoup plus de liberté que dans l'Inde ; elles ne sont ni voilées ni enfermées.

THIBET. — Les Montagnes de l'Himalaya ; d'après un dessin de M. Saleur, missionnaire.

Les liens du mariage, très solides chez les Nokhas, d'origine indoue, sont très faibles chez les Newars, chez lesquels le sang thibétain domine.

Les Thibétains sont nomades par esprit d'indépendance, tannés de peau et vigoureux dans la fatigue, fiers et superbes comme le grand ciel des Himalayas, comme les montagnes qui les environnent de tous côtés, chérissant la vie et y tenant telle qu'elle est, riant et chantant sur leurs chevaux qu'ils aiment, humbles et résignés sans honte, comme le captif ; grossiers comme le sauvage et voleurs comme le singe ; bavards à l'occasion, querelleurs, violents comme des enfants mal élevés ; timides et craintifs dans le péril, joyeux dans leurs misères et leurs privations ; indifférents pour leur religion, et ne se faisant souvent aucun scrupule de s'en passer selon les temps et les lieux ; cependant actifs et industrieux, mais ne pouvant être façonnés que par la rudesse et des lois fortes et inflexibles.

Ils sont bruns de peau, bien pris, robustes, souples et agiles ; leur visage est carré, leur front est fuyant, leurs yeux noirs, sur un plan horizontal, et ombragés de longs cils qui versent sur leur visage une légère teinte de mélancolie. Ils ont le nez épaté, les lèvres épaisses et pâles, les dents bien rangées, les mains et les pieds bien proportionnés, les jambes et les bras vigoureux, les cheveux noirs et épais, quelquefois longs et bouclés.

Quand on traite une affaire avec un Thibétain, il faut être doué d'une remarquable patience ; pour la moindre bagatelle il surgit une foule de difficultés. Désirez-vous acheter un cheval ? il faut aller trouver un Thibétain. Après les politesses d'usage, on boit le thé avec lui et on s'informe de toutes ses marchandises, y compris celles dont on n'a nullement besoin. Le Thibétain entame alors un long discours et vante successivement les qualités sans nombre de ses marchandises ; puis, lorsqu'on sort pour les visiter, il en continue le panégyrique. L'acheteur, de son côté, dénigre hautement chaque chose qui lui est présentée. On rentre ensuite à la maison, on se remet à boire du thé et on commence à débattre le prix. Le Thibétain exagère de la manière la plus fantaisiste la valeur de son cheval, l'acheteur en rabat d'autant ; les tasses de thé se succèdent avec plus de rapidité, et les deux interlocuteurs échangent les plus chaudes protestations d'amitié ; mais la critique et l'éloge recommencent de plus belle. Enfin l'on convient du prix et l'on procède au paiement. L'argent reçu et le cheval livré, le vendeur insiste pour obtenir une récompense, mais cette consolation dernière lui est généralement refusée ; quelquefois on lui fait les plus magnifiques promesses, mais elles ne sont jamais tenues.

S'il s'agit de céréales, les protestations ne sont pas moindres ; l'acheteur offre ses balances, le vendeur ne les trouve pas justes, et se sert des siennes qui ne valent pas mieux.

A part le cheval, le yak, le buffle et le mulet, les moyens de locomotion sont nuls chez les diverses peuplades de l'Himalaya. Au point de vue du logement et de la nourriture, il n'y a d'autre moyen de se loger que l'hospitalité des habitants, et d'autre nourriture à espérer que celle qu'on a apportée avec soi. En voyage, on peut aller frapper bravement à la porte du montagnard, qui accueillera toujours le voyageur. La pitance sera maigre, sant doute, mais on trouvera au moins une tête de maïs, une poignée d'orge grillée et du thé thibétain. Une chose qui ne fera pas défaut, c'est un coin de la chaumière où, entouré d'une vieille couverture ou de la dépouille d'un fauve, les voyageurs, endurcis aux fatigues, trouveront un sommeil réparateur. Les frais d'hospitalité sont tout-à-fait minimes ; en revanche, les frais de locomotion, chevaux et coolies, sont relativement d'un prix élevé, surtout pour les étrangers.

Commerce. — Le commerce entre toutes ces différentes peuplades se fait surtout aux jours de marché. Les transactions sont assez bruyantes ; c'est une foire générale où on vend tout ce que produit l'industrie restreinte du pays et l'exiguïté des ressources du territoire. Dans les stations les moins favorisées, le sol est jonché d'objets de ménage très sommaires : poteries grossières, objets en bois tourné, boîtes à sel, tubes à vin, bizarres petits objets en bambou travaillé au couteau, etc. On est venu de partout ; c'est très varié, très vivant, très coloré et d'un certain attrait. Vers le milieu du jour, la foule encombre la place du marché ; la presse est extrême, le bruit assourdissant. Acheteurs et vendeurs parlent et crient tous à la fois, chacun plus fort que son voisin, comme s'il y avait cent pas de distance entre les interlocuteurs. On va, on vient, on s'éloigne, on se rapproche, on hurle son prix, qui est toujours le dernier, mais qui n'est jamais le prix fixe et définitif.

Dans les centres plus importants, le marché se tient sur la place publique, les magasins sont disposés de chaque côté. Les marchands qui donnent la vie à ce bazar sont de plusieurs races ; on remarque d'abord les Népaliens et les Indiens du Cachemire ; puis viennent les Boutaniens, les Lepchas et les Thibétains. Ordinairement les négociants sont assis par terre, jambes croisées, à côté de leurs marchandises qui font un tas sur le sol. Ils vendent bien des choses : d'abord toutes espèces d'indiennes de toute couleur et de tout prix, puis des colifichets, des parures en argent et en métal, différents articles de de la coutellerie, etc. A l'entrée du bazar, une longue et double file de petites boutiques sert de modeste théâtre aux opérations des petits marchands de riz, de maïs, d'orge, de tabac, d'épices, de boutons et d'aiguilles, de vaisselle au détail. Ici, ce sont d'énormes tas de laine triés par le trafiquant ; ailleurs, on tombe sur un troupeau de bœufs, de chevaux ou de moutons ; et près des bêtes se mêlent, s'agitent et se confondent les vendeurs, les acheteurs et les curieux. Après cela, d'autres moutons, brebis et chevaux, puis des Boutaniens et des Thibétains en train de mesurer des étoffes, de la farine et des grains. C'est le Népalien qui vend ; le Thibétain achète pour charger ses mules et regagner, avec ses provisions, son pays éloigné à des centaines de lieues dans les montagnes.

Mœurs et coutumes. — Les peuplades bouddhiques de l'Himalaya ne redoutent pas la mort outre mesure, si même elles la redoutent. La grande crainte, la grande préoccupation, c'est qu'après le trépas les esprits ne s'emparent de l'âme du défunt et ne lui jouent de mauvais tours. Pendant le jour, les esprits ne font guère de tentatives, mais la nuit ils sont plus audacieux, et il est, paraît-il, fort difficile de se mettre à l'abri de leurs atteintes. Pourtant, avec de nombreuses prières, et surtout en faisant un grand tapage, on parvient à conjurer leur maligne influence. Lorsqu'un bouddhiste est mort, on convoque les bonzes du voisinage qui, assis autour du panier renfermant le corps du défunt, psalmodient leurs prières. Le jour et surtout la nuit, la famille veille avec eux ; les femmes s'occupent à confectionner quelques petits ouvrages en cire pour rendre la combustion plus facile ; les hommes, armés de tam-tams, de tambours et de tous les instruments qu'ils ont pu rassembler, accompagnent, le plus bruyamment possible, les prières des bonzes.

A l'heure fixée pour la cérémonie, le tapage redouble. On se dispose à transporter le cadavre au lieu où il doit être brûlé en grande pompe. C'est ordinairement une place consacrée à cet usage dans le voisinage des hameaux. En tête du cortège, se trouve le panier porté sur les épaules de deux hommes. Puis viennent les bonzes, les hommes et les parents du défunt; enfin les femmes et les enfants portant une provision de beurre, de farine et de thé. Le bûcher est dressé à l'une des extrémités de la place désignée. Il se compose de morceaux de bois, d'égale longueur, disposés avec soin en couches entre-croisées ; il s'élève à la hauteur des épaules, de sorte que les porteurs, passant de chaque côté du bûcher, y déposent le cadavre sans aucun effort. Les hommes se rangent tout autour ; les femmes se tiennent un peu en arrière. Alors on met le feu aux matières combustibles et résineuses placées sur le bûcher ; un brillant jet de flammes s'élance et entoure le corps du défunt. Les bûches de bois se consument les unes après les autres, le bûcher s'affaisse autour du cadavre que des hommes, armés de longues perches, maintiennent tranquillement au milieu des flammes ; personne dans l'assistance ne manifeste à cette vue la la plus légère émotion. On laisse ainsi la combustion s'accomplir. Pendant ce temps, les bonzes récitent quelques prières autour du bûcher ; les parents, les amis et les curieux se consolent en mangeant et en buvant force tasses de thé beurré. Le lendemain, quand tout est refroidi, on vient recueillir les os calcinés qui restent du défunt, et on les enfouit dans les cendres du bûcher, sur lequel on entasse quelques pierres.

Telles sont les habitudes de cette sauvage région, où l'Église catholique n'a cessé de prodiguer le sang de ses apôtres, (M. Brieux a été massacré en 1881.) Il faut espérer que tant de sacrifices auront un jour leur récompense, et qu'une belle moisson d'âmes dédommagera bientôt du dur et long labeur des semeurs de la divine Parole.

III. — SU-TCHUEN.

Le Su-tchuen ou Se-tchouan *(quatre cours d'eau)*, la plus vaste province de la Chine, est située entre le 26° 10' et le 33° de latitude nord, et le 98° 20' et le 108° de longitude est. Il mesure environ, du nord au sud, 3,200 lys (1,814 kilom.), et de l'est à l'ouest, 700 lys (396 kilom.) Il est arrosé par une multitude de petites rivières et traversé de l'ouest à l'est par le fleuve Bleu, appelé, dans ce parcours, Kin-cha-kiang *(fleuve aux sables d'or)*.

En toute saison, la température y est modérée.

Les productions du Su-tchuen sont aussi abondantes que variées. On y récolte du riz, du thé, du sucre, de la soie, du vernis, de la cire d'insecte, et un grand nombre de plantes textiles et tinctoriales, entre autres l'indigo herbacé, qui donne une belle couleur bleue, et une espèce de chanvre ou d'ortie dont on fait des toiles d'une grande finesse. C'est le Su-tchuen qui approvisionne toutes les provinces de l'empire de plantes médicinales. Le commerce des racines de rhubarbe et des vessies de musc du Thibet y est très important.

Il n'est pas possible de donner, même approximativement, un chiffre exact de la population de cette province de la Chine. En 1812, le recensement donnait au Su-tchuen 21.435.978 âmes. Depuis, la population s'est accrue considérablement et on la porte aujourd'hui à 40.000.00. Mais ce chiffre peut être exagéré.

Le Su-tchuen est aujourd'hui divisé en trois vicariats apostoliques : le Su-tchuen oriental, administré par Mgr Coupat ; le Su-tchuen occidental, comprenant la partie septentrionale de la province, administré par Mgr Pinchon ; et le Su-tchuen méridional, administré par Mgr Lepley.

La mission du Su-tchuen méridional compte plus de 18.000 chrétiens ; celle du Su-tchuen occidental, 96.000.

L'ancien vicariat apostolique, créé en 1699, comprenait le Su-tchuen en entier, le Yun-nan et le Kouy-tchéou, et avait eu pour premier vicaire apostolique Mgr Artus de Lyonne, de la Congrégation des Missions Étrangères de Paris, sacré à Canton le 30 novembre 1699. Le Yun-nan, en 1840, et le Kouy-tchéou, en 1846, furent détachés du Su-tchuen et érigés chacun en vicariat. En 1858, les vicariats du Su-tchuen oriental et du Su-tchuen occidental furent créés. L'érection du vicariat du Su-tchun méridional remonte à 1860.

Le Su-tchuen a été le théâtre de nombreuses persécutions. Les Annales de la Propagation de la Foi ont raconté dans quelles circonstances cruelles fut assassiné, en 1872, un jeune missionnaire de Kien-Kiang, M. Hue.

M Hue était allé, avec un prêtre chinois, le P. Tay, s'installer à Kien-kiang ; les premiers jours se passèrent assez tranquillement. Mais, dans la nuit du 4 au 5 septembre 1873, M. Hue et le P. Tay furent traînés par les rues, sous une grêle de pierres, jusqu'au bord de la rivière, où l'on abandonna leurs cadavres ensanglantés.

M. Hue paraît avoir été averti, peu d'instants avant sa mort, des criminelles intentions des ennemis du nom chrétien. Il put écrire quelques lignes dont les derniers mots demeureront comme l'expression des admirables sentiments qui pénétraient son âme à ce moment suprême : « — Priez pour nous et pour nos ennemis, à qui nous pardonnons. » Comme ces mots du disciple se préparant à la mort rappellent bien les paroles du Maître expirant sur la croix !

Mais une persécution présente encore à toutes les mémoires est celle qui se déchaîna en 1886.

Le 1er juillet, toute la population de Tchong-kin se portait en masse vers les villas que les missionnaires protestants s'étaient construites à la campagne dans le voisinage de cette capitale, et les détruisait de fond en comble. Au retour, les émeutiers attaquèrent la résidence de l'évêque et des missionnaires catholiques. Après quelques tentatives de résistance, ceux-ci durent, pour sauver leur vie, chercher un refuge au tribunal du *taotay*.

Ces scènes de brigandage se reproduisirent dans toute la province : un grand nombre de chrétientés furent ainsi anéanties. Il faut bien des années pour réparer les ruines accumulées pendant une telle persécution.

IV. — KOUY-TCHÉOU.

Le pays. La mission. Les martyrs. Mgr Faurie.

GRAND comme les deux tiers de la France et peuplé de quinze millions d'habitants, le Kouy-tchéou est la plus inabordable, la plus pauvre, la dernière des provinces de la Chine appelées au christianisme.

« Le Kouy-tchéou, disait un vieil évêque du Su-tchuen, c'est une caverne de voleurs, une forêt de roseaux, une officine de mensonges, un cloaque de débauches. » Pour propager la foi dans un semblable milieu, il fallait des ouvriers d'élite. La grâce de DIEU les suscita. Dès 1846, la Société des Missions Étrangères y envoyait d'intrépides apôtres.

Kouy-yang. — Cette capitale, située près des sources de trois rivières, a une grande importance commerciale. L'évêque catholique y réside. La cathédrale actuelle ne date que d'une douzaine d'années. La première église dont cette ville fut dotée avait été construite en 1849, par Mgr Albrand, premier vicaire apostolique de cette province. Comme elle était insuffisante, Mgr Lions entreprit, en 1874, de la reconstruire avec les fonds des indemnités payées à la mission par les persécuteurs. On achevait la toiture et les boiseries du clocher, au commencement de 1875, lorsqu'un incendie, dû à l'imprudence ou à la malveillance des ouvriers, détruisit l'église en trois quarts d'heure. Ce fut une grande douleur pour l'évêque, les missionnaires et les chrétiens, de voir disparaître en quelques instants cette belle église dont le clocher dépassait en hauteur toutes les pagodes de la ville.

Malgré leur pauvreté, les chrétiens se cotisèrent aussitôt pour reconstruire l'église. Elle a été terminée en 1876. Elle est dans le style des constructions chinoises, mélangé de style ogival. Le clocher a 100 pieds de haut ; son élégance et surtout son horloge placée au sommet font l'admiration des Chinois.

On rencontre au Kouy-tchéou les climats les plus variés, depuis les frimas, la neige et la glace, jusqu'aux chaleurs des tropiques. La production agricole n'est pas très abondante, mais elle est aussi variée que le climat. Un commerce fort important dans le haut Kouy-tchéou, c'est le commerce de la soie produite par le ver qui se nourrit de feuilles de chêne. Les montagnes sont très riches en minéraux, plomb, zinc, cuivre, argent, or. Le mercure et la houille surtout s'y trouvent en grande abondance.

La population est d'environ 8 millions d'âmes, chiffre que nous tenons pour exagéré, après le triple fléau de la guerre, de la famine et de l'émigration, qui a désolé si longtemps cette province.

Aucune population de la Chine n'est moins homogène que celle du Kouy-tchéou. Les habitants sont originaires de toutes les provinces et appartiennent à toutes les races qui peuplent la Chine. On pourrait néanmoins les classer ainsi :

1° Chinois de la dynastie actuelle.
2° Chinois des dynasties passées.
3° Miao-tsé. } Aborigènes.
4° Lolos. }

Le vicariat apostolique du Kouy-tchéou, créé en 1846, comprend toute la province, et dépendait autrefois du Su-tchuen. Il fut administré par Mgr Desflèches, alors coadjuteur de Mgr Perrocheau, vicaire apostolique du Su-tchuen, depuis sa création jusqu'à la nomination de Mgr Albrand, sacré évêque de Sura le 18 mars 1849. A la mort de Mgr Albrand (22 avril 1853), le Kouy-tchéou eut pour administrateur M. Perny, provicaire, jusqu'à la nomination de Mgr Faurie (1860-1871).

En 1862, le Kouy-tchéou a donné plusieurs martyrs à l'Église. Le P. Néel fut décapité avec quatre néophytes à Kay-tchéou le 18 février

Arrêté à quelque distance de cette ville, le Père fut attaché par les cheveux à la queue d'un cheval et conduit avec ses compagnons chrétiens au prétoire mandarinal.

Le magistrat siégeait sur son tribunal.

« — Comment t'appelles-tu ? demanda-t-il au missionnaire.

» — En chinois, on m'appelle Ouên ; mon nom français est Néel.

» — Mets-toi à genoux comme les autres.

» — Je ne suis pas un Chinois; je viens de France prêcher la religion, à la faveur du traité conclu entre nos deux empires. Je ne me mettrai pas à genoux. Je suis un hôte et non un criminel.

» — Renonce à ta religion ou je te fais tuer.

» — Cette injonction est inutile ; tuez-moi si vous voulez.

» — Cela ne va pas tarder. Et vous autres, imbéciles, ajouta-t-il en se tournant vers les chrétiens, renoncez-vous à cette religion ?

» — Jamais ! jamais ! répondirent-ils tous d'une voix.

» — Tuez-moi toute cette canaille, et qu'on n'en parle plus. »

Et, prenant son pinceau, le mandarin écrivit cette courte sentence : » J'ai découvert une conspiration avant qu'elle éclate, et j'en ai puni de mort les auteurs. »

Pendant qu'il écrivait, un des assesseurs lui dit :

» — Cet homme a un passeport ; c'est certainement un Français, on ne peut le tuer.

» — Tu vas voir bientôt, répondit le mandarin, qu'un Français est aussi facile à tuer qu'un Chinois. »

Puis, comme le convoi allait se mettre en marche :

« — Dépouillez-les ; ils ne sont pas dignes de porter des habits. »

Les confesseurs, et surtout M. Néel, s'en défendirent tant qu'ils purent ; mais il leur fallut céder à la force. On leur lia les mains derrière le dos et on les conduisit, à travers la populace, jusque hors de la ville.

KOUY-TCHÉOU. — Façade de l'église Saint-Joseph, à Kouy-ang ; d'après une photographie.

« Au moment où la tête de M. Néel roulait sur le sol, raconte Mgr Faurie, on dit qu'une nuée lumineuse descendit rapidement du ciel, resta immobile quelques instants au-dessus de son corps, puis s'évanouit. La foule des païens en fut effrayée, et le bourreau plus que les autres. Du reste, ce prodige n'étonnera aucun de ceux qui ont connu M. Néel : c'était un saint. »

Tous les prélats qui ont gouverné cette mission furent des hommes remarquables, mais Mgr Faurie mérite une place parmi les plus illustres pontifes dont s'enorgueillit l'Église de la Chine. Doué d'une présence d'esprit merveilleuse et d'une bonne humeur toute française, tenace comme un Breton, intrépide comme un zouave, fin et narquois comme un paysan de Gascogne, il savait opposer à des difficultés inouïes les qualités d'un vrai diplomate. Sous sa rude enveloppe trempée au feu des tribulations, il gardait toutes les délicatesses d'un cœur paternel ; toujours prêt à quitter le monde par la *porte rouge* ou par la *porte noire*, par le martyre ou par la peste, il était toujours riant. Les fléaux qui, depuis son entrée en Chine, menaçaient sa vie, avaient gravé sur son visage à 42 ans une ride caractéristique, un sourire indélébile. Une immense popularité s'attachait à son nom ; petits et grands le regardaient comme leur bon génie et s'adressaient à lui dans les circonstances critiques. Successivement grand mandarin, ingénieur civil, directeur de l'assistance publique, il ne tint qu'à lui de devenir généralissime des gardes nationales. Sa haute taille, sa figure martiale, inspiraient aux populations une crainte respectueuse, un véritable culte : « Si nous portions la main sur l'évêque, disaient les païens, ce serait pour le placer sur un autel et l'adorer. »

Le vicariat apostolique du Kouy-tchéou est aujourd'hui confié à Mgr François-Eugène Lions, digne successeur du grand prélat dont nous venons d'esquisser la physionomie.

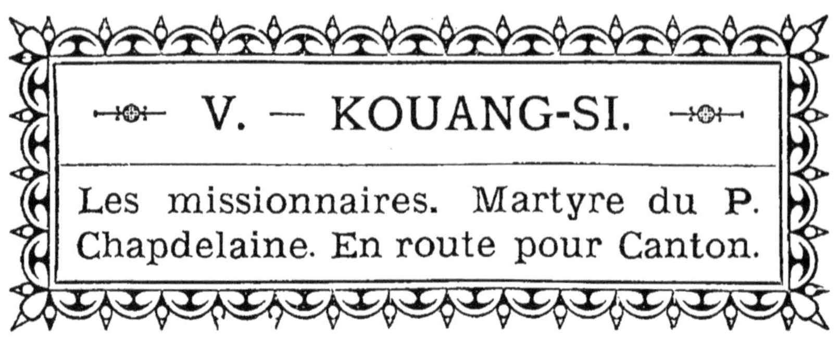

V. — KOUANG-SI.

Les missionnaires. Martyre du P. Chapdelaine. En route pour Canton.

A L'EST du Yun-nan et au sud du Kouy-tchéou, nous rencontrons la province du Kouang-si par laquelle nous allons passer pour aller à Canton.

La guerre franco-chinoise força, il y a quelques années, tous les missionnaires français de cette province à quitter le Céleste-Empire et à chercher un refuge à Hong-kong. Aussitôt que le calme fut rétabli, ils s'empressèrent de regagner leurs chrétientés respectives.

C'est en revenant au Kouang-si que l'évêque Mgr Foucard fut victime d'un audacieux guet-apens.

Ce prélat rentrait dans sa mission après un séjour de quinze mois à Hong-kong, séjour motivé par la guerre. Le *Greyhound*, sur lequel il avait pris place, comptait, entre autres passagers, deux cents Chinois. On était arrivé à la hauteur de Kow-Lan-Tai-Lo, île à cent kilomètres de Hong-kong ; tous les officiers et l'équipage se trouvaient disposés sur les divers points du navire, quand tout à coup un certain nombre d'enfants du Céleste-Empire, armés de revolvers, attaquèrent les officiers et les matelots sans leur laisser le temps de se reconnaître. Le capitaine Syder, percé de balles et de coups de poignard, fut jeté par-dessus bord. Quant aux personnes qui ne firent pas de résistance, les mutinés se contentèrent de les reléguer à fond de cale, après les avoir dépouillées de ce qu'elles possédaient. De ce nombre était le vénérable préfet apostolique du Kouang-si. On ne lui laissa que sa croix pastorale et son anneau. Le peu d'argent qu'il portait à ses missionnaires lui fut enlevé.

Devenus maîtres du navire, les bandits s'emparèrent des armes, d'une cassette contenant 10.000 francs, de plusieurs autres sommes s'élevant à une quarantaine de mille francs, et remirent le cap sur Hong-kong.

Arrivés près des îles des pirates, ils hélèrent trois jonques qui se trouvaient là et déposèrent à leur bord tout le butin conquis. Après leur départ, les pauvres passagers continuèrent le voyage et débarquèrent sains et saufs.

Un vaisseau de guerre partit aussitôt pour donner la chasse aux hardis flibustiers ; mais toutes ses recherches furent infructueuses.

Les commencements de l'histoire de cette mission se résument dans le court apostolat et la glorieuse mort de M. Chapdelaine.

Né en 1814 et parti en 1851 pour la Chine, le futur martyr évangélisa alternativement le Kouy-tchéou et le Kouang-si. Arrêté le 25 février 1856 à Si-lin-hien, il fut condamné deux jours après au supplice de la cage et mourut après six heures d'agonie.

La France s'émut du martyre de l'héroïque missionnaire. Un ambassadeur alla demander compte à Péking du sang injustement versé. Le gouvernement chinois ayant mal accueilli la réclamation de notre envoyé, la ville de Canton fut bombardée et prise d'assaut ; peu après, le traité de Tien-Tsin ouvrait la Chine entière à nos apôtres et abrogeait les lois contre le christianisme.

En 1875, le Kouang-si fut érigé en préfecture apostolique et détaché de la mission de Canton. Depuis quelques années, le préfet de Kouang-si est revêtu du caractère épiscopal.

VI. — KOUANG-TONG.

La ville de Canton. Le cimetière catholique. La mission pendant la dernière guerre. Sancian et François Xavier.

KOUANG-TCHÉOU-FOU ou Canton s'élève sur la rive septentrionale du Chou-kiang ou Rivière des Perles, à cent cinquante kilomètres de la mer, et son port est accessible en toute saison aux vaisseaux du plus fort tonnage. Les communications entre la capitale et les autres parties de la province se font au moyen des trois branches du Chou-kiang et d'un réseau complet de canaux et de rivières. Une ligne de beaux steamers fait entre la ville et Hong-kong un service quotidien, et le télégraphe sous-marin qui relie cette île au continent européen met en correspondance journalière avec l'Occident ce pays de Cathay autrefois si éloigné.

Canton se compose en réalité de deux villes, la ville proprement dite et la ville flottante sur la Rivière des Perles, curieux mélange de bateaux-hôtels, de bateaux de fleurs, de bateaux de thé et de barques-maisons.

« La ville de la terre ferme, écrit un voyageur moderne, présente le coup d'œil le plus original : les rues n'ont guère plus d'un mètre et demi de large, elles sont dallées et glissantes, et une foule immense s'y presse. La première que nous prenons est celle des poissonniers, où une glu visqueuse nous fait presque tomber à chaque pas ; la seconde est celle des bouchers, et à leurs étaux sont suspendus des rats tapés en faisceaux, aplatis et fumés comme les oies de Poméramie, des chiens comestibles dont la queue seule est ornée d'une bouffette de poils jaunes ; la troisième nous montre des magasins immenses de soieries ; puis viennent les porcelaines. Mais toutes ces rues, vrais corridors d'une salle de spectacle asiatique, ont un cachet indescriptible. »

Canton, baigné d'un côté par les eaux du Si-kiang (Fleuve des Perles), se trouve, de l'autre, entouré de montagnes qui s'étendent entre des berceaux de verdure. Ici dénudées et incultes, là couronnées de pins, ces montagnes sont couvertes de tombeaux placés sans ordre, chaque Chinois cherchant pour lui ou pour les siens à s'orienter du côté où souffle le vent du bonheur. Anciennement, au milieu de ces collines et à une lieue de la ville, la mission possédait un beau et vaste terrain, donné par l'empereur Kang-hi pour servir de cimetière chrétien. Depuis, les païns, profitant des époques de persécution, où tout leur est permis, y avaient enterré un grand nombre des leurs. C'est de cet ancien cimetière que Mgr Guillemin est parvenu, au prix de mille peines, à rentrer en possession.

Lors de l'expédition de Chine en 1857, trois cents soldats français trouvèrent la mort dans cette guerre lointaine. Leurs restes, ensevelis d'abord sur les montagnes, aux environs de la ville de Canton, avaient été peu respectés. Plus d'une fois, poussés par l'amour du gain, les Chinois étaient allés, la nuit, les déterrer et leur enlever la tête, qu'ils présentaient ensuite aux mandarins comme la tête d'un soldat vivant et comme un trophée digne de salaire.

Les commandants français qui occupaient alors militairement Canton, ayant eu connaissance de cette odieuse profanation, firent recueillir les restes de leurs soldats, épars dans la campagne, et les déposèrent au pied des remparts, sous les murs d'un petit fort, d'où les balles des sentinelles pouvaient facilement écarter les violateurs des tombes. A la fin de l'occupation, au moment de retourner en Europe, les mêmes officiers songèrent à mettre ce dépôt en sûreté, et ils en confièrent la garde à Mgr Guillemin, préfet apostolique du Kouang-tong, et à ses missionnaires.

Malgré toute la vigilance qu'on put y apporter, les visites ne pouvant se faire que rarement et la surveillance devenant chaque jour plus difficile, les profanations recommencèrent. Les croix de bois qui portaient les noms des défunts étaient enlevées et les briques du mur d'enceinte arrachées aussi souvent que la pieuse sollicitude des missionnaires rétablissait les croix et relevait le mur. Mgr Guillemin dut chercher un emplacement où les restes des soldats français, mis plus spécialement sous la garde de la religion, trouveraient la sécurité avec la solitude. Ils reposent maintenant dans le petit cimetière catholique. A l'une des extrémités et sur le mamelon le plus saillant, s'élève une croix en granit de 20 pieds de hauteur. Au pied du mamelon et à l'entrée de la vallée, est le monument érigé en leur mémoire. C'est un édicule ogival, en granit, dont la flèche atteint la hauteur de 30 pieds. Au centre du monument, un ange en bronze, la main gauche appuyée sur la croix et la droite présentant la palme de l'immortalité, semble veiller sur les ossements qui reposent dans le caveau funèbre, en attendant le jour de la résurrection.

Une des grandes curiosités de Canton, c'est le temple des cinq cents dieux, fondé par Bodhidarama, moine bouddhiste originaire de l'Inde, vers l'année 520 de notre ère, et rebâti douze siècles plus tard, en 1755, sous les auspices de l'empereur Kienlong.

M. Thomson, qui le visita en 1865, lui consacra dans ses souvenirs de voyage une intéressante description. Le vieux bonze qui gouverne les nombreux prêtres de cette pagode lui en fit les honneurs avec beaucoup de cordialité. « Les appartements de ce dignitaire me pénétrèrent, dit-il, d'un sentiment de froide et rigide uniformité. Le sol était pavé en marbre, et les tables et les chaises étaient aussi de marbre ou de marbre et d'ébène associés. Si les chaises nous faisaient passer dans le sang un frisson par trop rhumatismal, nous avions, pour nous remettre, à choisir entre un bloc de roche polie qui se trouvait dans un coin et des tabourets de porcelaine émaillée.

» Divers textes des livres sacrés du bouddhisme se lisaient sur les sombres murailles, et ces caractères étranges avaient l'air d'énormes araignées montant en file vers le plafond.

» Il y avait là entre autres des dames richement parées de robes de soie, et mon entrée produisit un tel effet sur ces belles dévotes, qu'elles auraient pris la fuite si les prêtres n'étaient intervenus et ne leur avaient assuré que j'étais un sage uniquement occupé de m'instruire, et qui avais quitté une île obscure et éloignée pour venir admirer le plus grand des temples de la Terre des fleurs et emporter des images de ses merveilles. »

Faut-il rappeler tout ce que la mission de Canton eut à souffrir pendant la dernière guerre franco-chinoise ? L'amiral Courbet venait de bombarder Fou-tchéou et de prendre Kelung. L'émotion causée par la victoire des Français se répandit en Chine avec la rapidité de la foudre. A Canton, la foule se rua contre les établissements de la mission ; le gouverneur militaire, le tao-tai, le préfet, ordonnèrent aux missionnaires de quitter la ville dans les vingt-quatre heures : « Quant à vos maisons et à votre mobilier, ajoutèrent-ils, nous veillerons. » Aux prières réitérées de Mgr Chausse, le consul anglais répondit : « Vous êtes un péril pour nous ; si les mandarins vous réclament, nous vous laisserons prendre. » En quelques jours, toute la province fut en feu. Les districts de Chuen-Tai, Cha-Tao, Chiou-Hing, Tieng-Koun, furent dévastés, des villages entiers brûlés. Les missionnaires étaient saisis dans leur résidence. Il fallait partir. Des milliers de catholiques furent impitoyablement chassés de la province. — « Allez avec vos amis les Français, » leur disait-on.

Les missionnaires partirent donc et se réfugièrent les uns à Hong-kong, les autres à Formose, où ils servirent d'aumôniers aux troupes françaises.

Les païens insultaient à la douleur des néophytes désolés de se voir séparés de leurs Pères bien-aimés.

« — Je parie contre le retour du Père Verchère, disait l'un d'eux à un chrétien, mon nez à couper contre *tant* de livres de porc, que tu devras me payer si, comme je l'affirme, il ne revient pas ; mon buffle, disait un autre ; *tant* de piastres, disait un troisième, etc., etc., que je te donnerai si le P. Chak ne revient pas ; *tant* de livres de porc que tu mangeras à mes dépens s'il revient. »

Aussi jugez du désespoir des païens quand, un an plus tard, tous les missionnaires revinrent.

« — Ah ! Père, tu nous reviens, disait à l'un de ces prêtres une chrétienne octogénaire ; je puis donc mourir maintenant. Eh ! jeunesse, je vous le disais bien que le Père nous reviendrait, qu'après la pluie vient le beau temps. Sous le Père Leturdu, j'ai subi la persécution, j'ai été pillée complètement ; le bon DIEU a béni mes enfants et petits-enfants, il nous a rendu plus que nous n'avions perdu. Je vous le disais encore : si le mandarin demande notre tête, c'est moi, la grand'tante, qui vous conduirai, vous n'aurez qu'à me suivre ; mais, à part moi, je savais bien que nous n'étions point de ceux dont le bon DIEU fait des martyrs. Saluons donc le Père et remercions quand même le bon DIEU... »

« Le soir, après la prière, raconte ce missionnaire, comme tous nous ne sentions guère le besoin de dormir, on parla des événements de l'année, puis de nos morts. Dans plusieurs localités, ce sont les colonnes, les soutiens de la chrétienté que le bon DIEU a appelés à lui. Au village de Nion-iong, c'est mon vieux tailleur de pierres, ancien maître d'armes, vénérable vieillard à longue barbe blanche, respecté de tout le monde : sa parole faisait impression sur les païens. On parlera longtemps dans le pays de ses réparties, lorsqu'il s'agissait de défendre ou de prêcher la religion. C'était un rude jouteur. Il avait eu le bonheur de rencontrer depuis peu le prêtre chinois, lorsque le maître l'avertit qu'il était temps pour lui d'aller prendre son repos. Il est mort en chrétien, en brave soldat du CHRIST, tenant entre ses mains la croix de l'autel, à genoux sur son lit, et répondant jusqu'à son dernier soupir aux prières des agonisants. La maladie ne l'avait point abattu. Ses enfants et les néophytes en pleurs étendirent alors sur sa couche ce soldat du CHRIST que la mort semblait n'avoir point osé frapper. Mon DIEU ! puisse ma dernière heure ressembler à celle de mon brave chrétien ! Hélas ! missionnaire exilé pour DIEU, j'ai quitté parents et patrie, et, après plus de vingt ans de travail et de misères, je demande à la miséricorde de DIEU une mort semblable à celle de ce pauvre Chinois, que le monde n'a point connu, que la gloire n'a point illustré... »

La paix est faite maintenant. Et les missionnaires, imitant l'Église, cette *recommenceuse éternelle*, selon la parole de Paul Bert, relèvent les ruines, réparent les brèches, et reprennent partout leur ministère momentanément interrompu.

En route pour Macao.

Nous traversons toute une flottille de jonques rangées en lignes, qui traînent chacune un large filet. L'horizon en est couvert, et c'est par centaines qu'on peut les compter. Rien sur les côtes de France ne peut donner l'idée d'un mouvement pareil. Nous passons au milieu d'elles, en prenant garde d'en écraser. Toute une famille, entassée pêle-mêle, se presse sur le frêle esquif. C'est tout leur avoir, c'est leur habitation, leur demeure. La Chine possède, dans ces hardis pêcheurs, une vaste pépinière d'excellents matelots. Nous mouillons, au coucher du soleil, à l'embouchure de la rivière de Canton, près de l'île de Léma, à travers les groupes d'îles qui encombrent son embouchure.

Mais, avant de visiter la ville portugaise, faisons un pieux pèlerinage au tombeau de saint François Xavier.

L'île de Sancian. — Saint François Xavier ! quel nom glorieux entre tous les noms enregistrés par l'histoire, alors surtout qu'il se trouve réuni à celui d'une petite île perdue dans l'immensité des mers et dont rien ne semblait devoir porter le souvenir à la postérité !

Les prodigieux travaux accomplis dans les Indes en promettaient de semblables dans la Chine, où François-Xavier posait déjà le pied. Mais DIEU en avait ordonné autrement. Comme à Moïse, auquel il laissa apercevoir la terre que Josué était appelé à conquérir, il permit à son serviteur de jeter un regard sur cette Chine dont il réservait la conquête à l'admirable Société à laquelle Xavier avait servi d'avant-garde. Abandonné de tout le monde, destitué de tout secours humain, il termina son glorieux apostolat sur un petit tertre qui s'avance dans la mer. A l'endroit même où reposa sa dépouille mortelle, une pierre fut placée avec une inscription. Mais il ne fallait rien moins que l'expédition de Chine pour qu'il devînt possible d'élever un monument qui perpétuât la mémoire du grand apôtre, et servît en même temps à la propagation du catholicisme dans cette contrée.

Le ministre plénipotentiaire de France, M. le comte Lallemand, dont le zèle éclairé était acquis au projet conçu par Mgr le vicaire apostolique de Canton, obtint du gouvernement chinois la concession du rocher même sanctifié par le dernier soupir de François Xavier. Ce n'était pas sans difficulté que la question diplomatique avait été résolue ; les difficultés d'exécution paraissaient plus grandes encore. Il était nécessaire, sous peine de voir l'autorisation chinoise modifiée ou retirée, d'agir immédiatement. Il fallait aller chercher, à plus de cinquante lieues de distance, tous les matériaux, briques, tuiles, etc., et les ouvriers eux-mêmes, malgré les tempêtes qui bouleversent si fréquemment ces parages, malgré les pirates qui infestent les côtes. Il fallait trouver des ressources pour commencer et mener à bonne fin une si vaste entreprise.

Or, en deux années, Mgr Guillemin a édifié :

1° Une chapelle dans la baie de Sunti, sur le point même où saint François Xavier mourut le 2 décembre 1552, et où son corps reposa pendant 77 jours (du 2 décembre 1852 au 17 février 1853);

2° Une église, à proximité du village, avec une maison d'école pour les enfants et une résidence pour le missionnaire;

3° Une pyramide, sur laquelle on a érigé une croix, qui, aperçue

Chapelle du tombeau de S. Fr. Xavier. Chrétienté de la baie de Tai-long-ouan.

SANCIAN. — Vue de la baie de Sunti, d'après un dessin de M. Berthon, missionnaire.

à grande distance en mer, est tout ensemble un point de repère, le mémorial d'un grand fait de l'histoire des missions, et un jour, il faut l'espérer, le signe de la prise de possession, au nom de JÉSUS-CHRIST, du plus ancien empire du monde.

La chapelle de Saint-François-Xavier est l'œuvre de M. Hermite, architecte de l'église de Canton. Elle est de style ogival. Les proportions sont des plus modestes : vingt mètres de long sur dix de large, avec un clocher de vingt-trois à vingt-quatre mètres de haut. Trois petits autels décorent la chapelle. Celui du milieu, en bois dur, a été fait sur un modèle du XIIIe siècle.

Au centre de la chapelle se trouve l'endroit où saint François Xavier a remis son âme entre les mains de DIEU. Cet endroit est recouvert d'une pierre de granit, longue de deux mètres, large de soixante-cinq centimètres, sur laquelle on lit l'inscription suivante :

AQUI FUI SEPULDADO SANTO FRANCISCO XAVIER
DA COMPANIA DE JÉSUS
APOSTOLO DE ORIENTE
ESTO PADRAO SE LEVANTON NO ANNO 1639.

« Ici fut enseveli saint François Xavier, de la Compagnie de JÉSUS, apôtre de l'Orient. Ce monument lui a été élevé en 1639. »

La population de l'île est de dix à douze mille âmes, sur lesquelles l'action des missionnaires s'exerce plus facilement que sur la population du continent. L'ouverture de l'école où les enfants sont reçus gratuitement, les services rendus aux habitants par les missionnaires, l'expulsion des pirates et quelques guérisons remarquables opérées par les catéchistes, achevèrent de gagner les cœurs. Ces insulaires ont une étonnante simplicité de mœurs et une grande droiture d'esprit ; ils sont peu portés aux superstitions païennes, et ils témoignent au missionnaire un attachement qui lui ferait croire qu'il se trouve au milieu des réductions du Paraguay.

Il y a tout lieu d'espérer que, convertis au christianisme, ils deviendront eux-mêmes un puissant moyen de conversion pour les îles voisines, en leur fournissant des catéchistes. Beaucoup de Chinois s'arrêtent à Sancian pour y acheter du bois ou du poisson, pour se mettre à l'abri de la tempête et se reposer. Ils admirent la beauté des chapelles et la majesté du culte, et sont sensibles aux soins que reçoivent les enfants. Ils emportent ainsi dans leur famille une impression qui ne peut manquer d'exercer une heureuse influence.

Tous les cinq jours, du port de Sancian part une jonque publique pour Kuong-hoï, localité qui est en communication directe avec Macao. De douze à quinze heures suffisent pour atteindre cette ville.

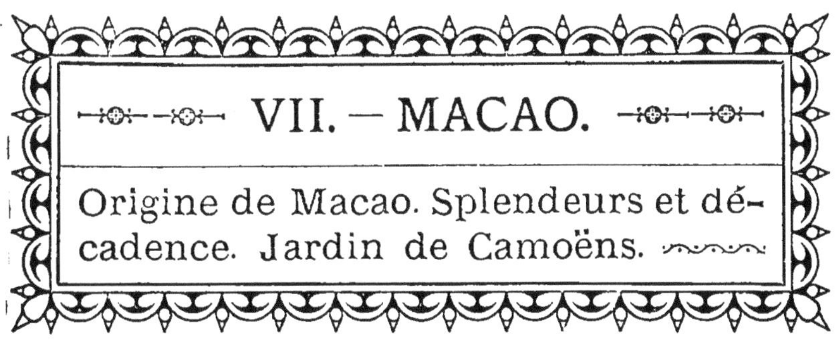

VII. — MACAO.

Origine de Macao. Splendeurs et décadence. Jardin de Camoëns.

SUR la pointe d'une étroite presqu'île, à 128 kilomètres au sud de Canton, nous rencontrons la ville portugaise de Macao. Elle n'est reliée au continent que par une étroite bande de terre appelée par les Chinois : « Tige de lis d'eau. »

La fondation de Macao est toute moderne et tout européenne. Au XVIe siècle, lorsque les Portugais allaient de Malacca trafiquer en Chine, leurs vaisseaux, surpris par la tempête, périssaient souvent, faute d'un port, dans les îles voisines de l'endroit occupé aujourd'hui par Macao. Vers l'année 1563, il demandèrent une concession pour pouvoir hiverner jusqu'à ce que la saison leur permît de continuer leur route. Les Chinois leur accordèrent un angle de terre plein de rochers et habité par des pirates. Les Portugais chassèrent les pirates, et, avec l'agrément des mandarins, ils bâtirent de solides maisons et construisirent même des forts.

Aujourd'hui Macao est loin d'être ce qu'il était au XVIIe et au XVIIIe siècle. L'ouverture des ports de la Chine aux navires européens et surtout le développement rapide et la prospérité toujours croissante de la colonie de Hong-kong l'ont ruiné. En 1878, on y comptait, d'après l'Almanach de Gotha, 59.959 habitants, la plupart Chinois.

« Il n'y a plus à Macao, dit M. de Hübner, que douze familles portugaises pur sang. Dans ce nombre ne sont pas compris les médecins, les fonctionnaires civils et militaires que le gouvernement envoie à certaines époques et qui, misérablement payés, sont rapatriés quand ils ont fait leur temps. Les jours où les employés portugais venaient ici pour faire fortune appartiennent à l'histoire, ou, pour mieux dire, aux mythes. Personne ne prospère à Macao, excepté les *coolies brokers* et les propriétaires des maisons de jeu. Fermez celles-ci, m'a-t-on dit, supprimez la traite des coolies, et vous verrez l'herbe croître dans Macao. En dehors des Portugais, on compte trois résidents anglais et cinq allemands, les uns et les autres négociants sans affaires... Les rues, qui sont désertes, font contraste avec le quartier chinois, qui est exubérant de vie et d'activité. Là se succèdent des boutiques bien achalandées et flanquées d'énormes enseignes, des restaurants remplis de consommateurs, des tripots de jeu toujours combles. Entre une double ligne de maisons basses, construites dans le style indigène, se bousculent des colporteurs qui offrent leurs marchandises en poussant des cris aigus ou en chantant, des coolies chargés de caisses ou portant des chaises, d'innombrables piétons, hommes, femmes et enfants. C'est la vraie Chine.

» Mais franchissez ce coin-là, et vous êtes dans une ville de province du Portugal. Personne dans les rues, si ce n'est quelques soldats qui flânent en fumant leur cigare ; très rarement une chaise remplie à déborder par une dame énorme.

» Les maisons en pierre, blanchies ou badigeonnées en rouge ou en

MACAO. — Entrée du jardin conduisant à la grotte de Camoens, d'après une photographie.

jaune, portent le cachet de la mère-patrie. On peut dire que pas une d'elles n'est plus ancienne que l'an 1622, et que très peu sont plus modernes que 1650. Derrière les maisons et de chaque côté, au-dessus des murailles ornées de vases avec des agaves, ou couronnées de massives balustrades en pierre, nous apercevons des cèdres, des banians, des buissons exotiques aux feuilles luisantes.

» La belle cathédrale de Saint-Paul, bâtie par les Jésuites à la fin du XVIe siècle, et transformée en caserne sous le ministère Pombal, a été, il y a quelques années, dévorée par les flammes. Il n'en reste que la façade, qui, bien que surchargée d'ornements, est fort belle. Les autres églises sont des constructions baroques ou sans aucune prétention artistique. Des rampes, des escaliers, de lourds balustres vous rappellent Abrantès, Santarem, Viseu. A chaque pas, des édifices imposants. Ce sont d'anciens couvents de moines et de religieuses transformés aujourd'hui en casernes sans soldats, en musées sans aucun des trésors qu'ils sont destinés à héberger, en bureaux, ceux-là bien fournis d'employés qui meurent de faim.

» La Praya-grande, ou le quai, est une suite de maisons tournées vers la mer et regardant au sud ; elle rappelle la Junqueira de Lisbonne. Par une hyperbole un peu forte, les Macaais la comparent à la Chiaia de Naples. Ici on jouit, en été, de la mousson du sud-ouest, et, dans toutes les saisons, d'une fort belle vue sur la côte de la terre ferme et sur l'archipel qui l'entoure. Ces îles, dépourvues de toute végétation sauf quelques broussailles brûlées du soleil, arrêtent vos regards par leurs contours fantasques, et se décorent de changeants effets de lumière que le ciel, moins beau pourtant que celui du midi de l'Europe, ne cesse de leur prodiguer. »

Si Macao est intéressant comme le seul établissement qui, de tous ceux que les premiers navigateurs fondèrent en Chine, reste encore aujourd'hui au Portugal, il est aussi intéressant à d'autres points de vue. C'est là que Camoëns écrivit son immortel poème.

Le jardin de Camoëns est aujourd'hui une propriété particulière. Il appartient à un portugais, M. Marquès ; mais l'entrée en est ouverte à tous les étrangers. Nous nous promenons longtemps sous ces frais ombrages, si rares en Chine. Nous admirons le panorama et l'endroit où Camoëns aimait à se retirer loin du bruit pour composer ses *Lusiades*. Nous lisons différentes citations du poète incrustées dans le marbre, puis, encore avec plus de plaisir, des vers français, composés par un admirateur du poète et du jardin.

Dans ce jardin mal tenu, mais d'une beauté indescriptible, entre des rochers naturels et de vieux arbres, on montre sur une colline, la grotte du poète. Une profonde solitude y règne, le silence n'est interrompu que par le bruissement des feuilles ; l'œil jouit d'une vue enchanteresse sur la ville, la mer, la côte et l'archipel.

Le passé. — Ce n'est pas sans émotion que l'on se reporte par la pensée à l'époque où Macao était dans toute sa splendeur. Des souvenirs héroïques sont fixés sur ce petit coin de terre.

On sait avec quelle rapidité cette ville atteignit, à peine créée, la plus grande importance, et excita la jalousie des Hollandais.

« Au mois de juin 1622, raconte un historien, quatorze vaisseaux hollandais entrèrent dans le port de Macao ; ils paraissaient si assurés de s'en rendre maîtres qu'ils avaient fait d'avance le partage de ses richesses. La veille de la Saint-Jean, au soir, sept cents hommes descendirent à terre, dont trois cents restèrent pour garder les batteries, tandis que les quatre cents autres s'approchèrent de la ville. Malgré la vivacité de leur mousqueterie, les Hollandais furent repoussés et obligés de regagner le port ; ils étaient si découragés que, quoique renforcés par les trois cents hommes restés sur le port, qui les pressaient de retourner avec eux au combat, ils coururent avec précipitation vers leurs vaisseaux ; plusieurs entrant dans l'eau se noyèrent. Il en coûta la vie à plus de quatre cents des leurs, indépendamment des blessés. Les Portugais ne perdirent que trois hommes. Depuis cet échec, les Hollandais, qui avaient été reçus plus vertement qu'ils ne s'y attendaient, n'ont plus osé hasarder une seconde tentative. »

Dès sa fondation, la nouvelle colonie portugaise devint un centre de vie catholique. Le Saint-Siège y créa aussitôt un évêché suffragant de Goa ; les Jésuites s'y établirent, et ils eurent, jusqu'à leur exil du Portugal (1759-1761), deux maisons florissantes. « Une de ces maisons, écrivait en 1740 le P. Loppin, est composée de plusieurs anciens missionnaires qui ont été exilés pour la foi, ou qui, pendant trente et quarante ans, se sont consumés dans les travaux de la vie apostolique. C'est de cette maison que sortirent les quatre Jésuites qui, entrant dans le Tong-king, furent arrêtés, chargés de fers, mis dans une affreuse prison, d'où ils ne furent retirés, le 12 janvier 1737, que pour sceller de leur sang la divinité de la religion chrétienne. »

En 1820, M. Lamiot, missionnaire lazariste, confesseur de la foi, banni de l'empire chinois, se réfugia à Macao et y fonda le noviciat des Lazaristes chinois, qu'il dirigea jusqu'à sa mort (5 juin 1831). Pendant de longues années, la Société des Missions-Étrangères de Paris eut sa procure à Macao. En 1847, elle fut transférée à Hong-kong.

Le présent. — A côté de Macao endormi, la colonie de Hong-kong représente l'avenir et le mouvement commercial. Macao est la ville du calme et du passé. Le temps n'est plus où les intrépides navigateurs portugais étaient les dominateurs de ces mers. Aujourd'hui, leurs descendants dégénérés sont réduits, pour vivre, à chercher un emploi dans les grandes maisons anglaises ou américaines. Le voisinage de Hong-kong ôte à Macao son importance de port franc, et sa rade s'envase chaque jour davantage. Cependant, malgré sa décadence, Macao ne manque point d'un certain charme, le charme des souvenirs.

Cette ville a été longtemps l'unique centre des relations des Européens avec la Chine. Ses églises, ses couvents, ses autres monuments publics, noircis par le temps, attestent une splendeur dès longtemps évanouie. Macao a, en outre, un autre avantage sur Hong-kong, c'est celui du climat. Tandis que cette dernière ville, adossée contre *Victoria-Hill*, reçoit difficilement le souffle bienfaisant de la mousson du nord-est, Macao, ouvert à la brise de mer, livre passage au vent du nord. Aussi les habitants de Hong-kong viennent-ils souvent s'y reposer durant les mois des grandes chaleurs, et le gouvernement français y avait-il établi son hôpital militaire dès le début de la dernière campagne.

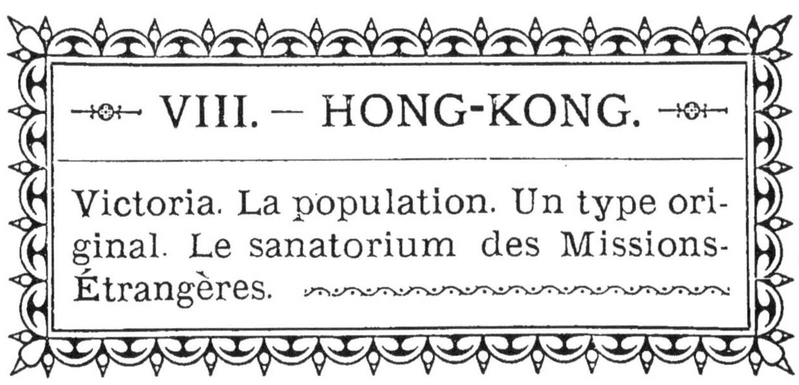

VIII. — HONG-KONG.

Victoria. La population. Un type original. Le sanatorium des Missions-Étrangères.

HONG-KONG, avec sa population mêlée, ses institutions et son gouvernement anglais, ses nobles édifices européens, ses rues chinoises, ses églises chrétiennes, ses temples bouddhistes, occupe une position absolument à part sur le bord oriental du grand continent asiatique.

Victoria, capitale de l'île, compte aujourd'hui 160.000 habitants dont 4.000 Européens. Il entre annuellement dans le port 25.000 navires de diverses grandeurs.

« Victoria, raconte M. de Beauvoir, est charmant, sympathique et imposant, anglais et tropical, un mélange de cottages et de palais. Nulle part ne se marient mieux la poésie de la nature et la prose de la vie des affaires, le confort anglais et l'exubérance enivrante du midi. Les rues bien macadamisées, bien entretenues, bien propres, serpentent le long du rocher, tantôt entre des maisons dont les façades un peu prétentieuses sont coquettement voilées par la vérandah, tantôt entre des jardins, des haies de bambous ou des balustrades de pierre. Partout des arbres, des banians, des bambous, des pins. On pourrait parcourir à pied tout Hong-kong sans être exposé au soleil. Seulement on n'a garde de marcher à pied. On ne voit que des chaises ; les coolies, la tête abritée sous un immense chapeau de paille, vous portent au pas gymnastique. Rien de délicieux comme une promenade nocturne en chaise découverte. Dans les quartiers bas, l'animation est extrême : des officiers, des soldats en uniforme rouge, au teint basané (des Cipayes) ; des Parsis, des Hindous, des Chinois, des Malais ; des dames européennes dans des toilettes élégantes ; des hommes et des femmes au teint jaunâtre vêtus à l'européenne, des Portugais demi-sang. Plus vous montez, plus le calme se fait autour de vous. Insensiblement la ville devient campagne. Montez encore quelques pas et vous êtes au milieu des rochers dépourvus d'arbres, mais couverts de buissons odoriférants et traversés par une belle route macadamisée avec des échappées de vue d'une beauté merveilleuse.

Au-dessous de la ville, le rivage de l'île s'arrondit en courant vers la partie du continent où s'élève la ville de Kow-loun, et où s'étend, à l'abri d'une haute rangée de collines, l'un des plus beaux ports du monde.

Victoria, vue de l'îlot de Kellet, petit rocher fortifié à l'est du port, offre un tableau admirable, surtout durant la saison des pluies, lorsque le soleil couchant jette un voile de pourpre violacée sur la ville plongée en partie dans l'ombre.

Le port reflète comme un miroir une éclatante lumière, brisée çà et là par la sombre coque des vaisseaux, ou par les formes pittoresques des barques indigènes, dont les grandes voiles s'étendent comme des ailes au souffle de la brise du soir.

HONG-KONG. — Entrée du cimetière catholique, d'après une photographie.

En parcourant la ville, on est quelquefois attiré par des sons d'instruments, guitares ou violons, dont jouent des musiciens ambulants.

A certaines heures, on rencontre des enfants qui vont gaiement à l'école. Les écoles du territoire de Hong-kong, en y comprenant celles des missions chrétiennes, sont fréquentées par environ deux mille enfants qui, grâce à l'enseignement qu'on leur donne, peuvent ensuite gagner aisément leur vie comme interprètes, courriers ou commis. Ces jeunes Chinois rendent au commerce des services dont seraient incapables les employés européens, qui ne peuvent jamais connaître assez la langue chinoise et les usages du pays pour s'élever au-dessus des modestes fonctions de copistes ou de teneurs de livres.

A l'est de Victoria se trouvent le cimetière européen et le champ de courses. Ce cimetière est précisément situé derrière la grande tribune où tout le beau monde de l'île s'assemble une fois par an pour assister aux courses, qui sont, depuis longtemps, l'une des institutions les plus chères à la colonie. Les courses sont la grande fête de l'année et elles sont impatiemment attendues par les résidents.

On trouve à Hong-kong, comme dans les autres villes cosmopolites, beaucoup d'aventuriers et d'originaux.

Un missionnaire raconte qu'il fut accosté, au moment où il sortait de son église, par un homme qui s'était présenté à lui d'un air de mystérieuse confidence, comme porteur d'un message divin et envoyé à Hong-kong pour y publier cette rélévation ; il lui avait demandé de mettre l'église à sa disposition pendant l'après-midi.

« — Où sont vos lettres de créance ? lui demanda le missionnaire. Vous ne devez bien certainement pas être un homme ordinaire pour avoir reçu du ciel une telle mission ; et si vous avez été envoyé à Hong-kong, vous avez dû en même temps recevoir le don de la langue chinoise. Faites-moi seulement le plaisir de me répéter en chinois ce que vous venez de me dire, et je mettrai mon église à votre disposition. »

L'autre n'en put rien faire, mais ce qu'il fit ne surprit pas moins le Père que s'il lui avait parlé chinois : il lui avoua qu'il appartenait à la secte des Mormons et lui demanda s'il avait une vieille paire de culottes dont il pût disposer, celles qu'il portait n'étant pas à lui.

Il y a quatre mille catholiques à Hong-kong et une belle église desservie par les Pères italiens. Près de là se trouve la procure des Missions Étrangères de Paris en Chine.

C'est de cette procure que partent les courriers des missionnaires. Ils vont dans les provinces du nord, et jusqu'aux frontières du Thibet. Ils sont trois mois dans leur voyage, naviguant presque toujours sur les fleuves et sur les canaux. A la sortie de Canton, il y a une énorme montagne à franchir. Tous les transports s'y font à dos d'hommes, et on trouve des maisons de roulage très bien organisées pour ce service. De l'autre côté de la montagne coulent des rivières dans toutes les directions.

Avec l'argent destiné aux diverses missions de l'intérieur, les courriers achètent à Canton des toiles et autres marchandises indigènes, dans lesquelles ils enveloppent avec soin les objets européens et religieux qu'ils portent aux chrétientés. Arrivés à leur destination, ils font le commerce, ils vendent les marchandises achetées à Canton, rendent l'argent aux Pères, et le surplus est pour eux et devient leur profit légitime.

Le Sanatorium. — Prenons une *chinese boat*, et nous allons, au fond de la baie, visiter le *sanatorium* des missionnaires catholiques.

Il est isolé au milieu de la montagne. Sa pauvreté le sauve de toute visite des forbans. Ces pirates sont venus, cependant, une fois au nombre de huit ; mais ils n'ont rien trouvé de précieux à emporter, et ils sont partis, non sans avoir menacé de leurs sabres l'un des missionnaires. Les Pères ont maintenant des piques, des fusils et de gros chiens qui font bonne garde.

Nous recevons d'eux le plus affectueux accueil. Nous prenons avec eux le thé et des gâteaux secs apportés de Canton. Nous allons ensuite dans la salle d'études, où de jeunes Chinois, en longue robe bleue, apprennent le latin et leur langue maternelle. Nous nous faisons écrire nos noms en chinois, et nous assistons à la classe du maître indigène, où tous les élèves répètent à la fois leur leçon : ce qui produit un bruit assez discordant mais ordonné par les rites.

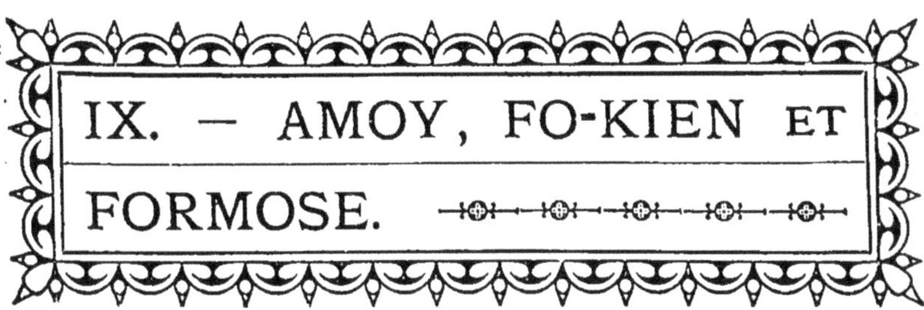

IX. — AMOY, FO-KIEN ET FORMOSE.

QUITTONS le délicieux séjour de Hong-kong et allons retenir nos cabines à bord du paquebot qui doit nous conduire à Amoy.

Amoy. — Cette ville est sale, tortueuse ; mais la baie, encadrée de montagnes arides, est excellente. On évalue à 300.000 âmes la population d'Amoy ; un évêque dominicain y réside depuis quelques années. Les églises de Aou-poa et de Kan-boe, dont nous donnons des vues, appartiennent à des villes voisines et dépendent de cette importante préfecture.

Fou-tchéou. — Cette capitale du Fo-kien, dont le nom a été si fréquemment prononcé lors de la dernière guerre franco-chinoise, est l'un des trois grands centres maritimes de l'Empire chinois (les deux autres sont Canton et Shang-haï). Un arsenal, dû à l'initiative européenne, y avait été commencé en 1869 ; il a été bombardé et presque entièrement détruit par l'amiral Courbet. Fou-tchéou est célèbre aussi par ses établissements d'instruction publique et par son industrie. Sa population est très dense ; les évaluations oscillent entre 500.000 et un million d'habitants.

Cette ville fut illustrée, le 15 janvier 1648, par la mort d'un missionnaire dominicain, le P. de Capillas, à qui DIEU réservait d'inaugurer en Chine la voie glorieuse du martyre. Le zèle des missionnaires ne fut point ralenti par les édits de proscription, et, un siècle plus tard, en 1746, les Frères Prêcheurs donnaient cinq nouveaux martyrs à l'Église du Fo-kien. Depuis Mgr Sanz (1732-1747), cette belle mission a toujours été gouvernée et évangélisée par des fils de St-Dominique.

Formose. — En face de la province de Fo-kien, dont elle est séparée par un bras de mer de trente lieues de largeur, se développe l'île riante que les Européens appellent avec raison Formose (belle), et les Chinois Tai-ouan (jardin des eaux vives).

Sa capitale, à laquelle les habitants ont donné le même nom qu'à l'île entière, Tai-ouan, n'a qu'un mauvais port, ouvert au commerce européen depuis le premier traité de Tien-tsin (1858).

Le *fou-tâi*, gouverneur supérieur de l'île, réside dans cette cité populeuse, commerciale, industrielle, entourée de bonnes murailles construites sous la domination hollandaise, et qui a trois lieues de circuit. Cette ville est aussi la résidence du *toa-hou*, gouverneur inférieur, qui s'occupe des affaires civiles de moindre importance.

Tai-ouan a son *haceldama* ou champ des exécutions. C'est à peine si un arbrisseau rompt la monotonie de cet affreux champ de mort ; et cependant, avec quelle horrible curiosité durent le contempler les Européens qui, par une matinée du mois d'août 1842, y furent conduits, au nombre de cent soixante, pour y être exécutés !

FORMOSE. — Type d'indigène civilisé, d'après une photographie.

Au commencement de l'année 1874, le gouvernement japonais, pour mettre fin aux atrocités des sauvages, des brigands et des pirates, envoya une petite armée à Formose. Cette expédition indisposa le gouvernement de Péking, et, pendant plusieurs mois, une guerre entre la Chine et le Japon sembla imminente. Cependant la « question de Formose » reçut une solution pacifique. Vers la fin de 1874, par la médiation de M. Wade, ministre d'Angleterre à Péking, une convention fut conclue entre les deux Empires.

Formose compte au moins 1.700 villes ou villages. On estime sa population à 3.600.000 âmes. Elle est formée de trois classes fort distinctes : les Chinois, les habitants d'origine chinoise, et les naturels ou Igorrotes.

Actuellement, le nombre des naturels est singulièrement réduit. Il ne forme peut-être pas le vingtième de la population totale. A la suite des luttes continuelles que naguère encore ils devaient soutenir contre les Chinois et les Cantonnais, ils se

FO-KIEN. — Église de Kan-boé, d'après une photographie.

sont vus forcés d'abandonner ou de vendre à vil prix leurs maisons et leurs biens ; ils ont été relégués dans l'intérieur, où ils habitent les villages les plus rapprochés des montagnes.

Les Igorrotes sont redoutables par leur cruauté et leur férocité. Il n'y a pas de moyens ou de stratagèmes qu'ils n'emploient pour nuire à leurs semblables. Ils ont l'habitude de se placer en observation au sommet de leurs montagnes, afin de voir si quelque imprudent n'en approche pour couper du bois ou pour extraire du charbon. Dès qu'ils l'aperçoivent, ils se glissent derrière les broussailles, et se précipitent sur le malheureux avec leur lance ou leur grand couteau. La victime par terre, ils lui tranchent la tête et laissent sur place le cadavre. Ils remontent ensuite vers les huttes avec la tête, qu'ils promènent en poussant des hurlements de joie ; après quoi, le meurtrier emporte la tête pour la conserver dans sa cabane. Lorsqu'un Igorrotte a coupé un nombre déterminé de têtes, il reçoit, comme récompense d'honneur, le droit de faire et de vendre des pipes qui consistent en un morceau de bois creux représentant une tête d'homme.

Les femmes sont fort décemment vêtues. Les hommes et les femmes ont également la vanité de s'orner le front de guirlandes qu'ils tressent avec des fleurs. Les Igorrottes ne savent ni lire ni écrire. Ils comptent les années au moyen de nœuds, et la différence des saisons leur indique la fin de chaque année.

Les naturels ou indigènes de la plaine sont apathiques et peu intelligents. Aussi, le plus grand nombre d'entre eux vivent-ils dans un état misérable. Cependant, ils pourraient, à l'imitation des Cantonnais, leurs voisins, construire des digues pour retenir et réunir les eaux qui arrivent de divers côtés, ouvrir des rigoles pour distribuer ces eaux dans leurs terres, et ils seraient ainsi assurés d'une double récolte par an. Mais, soit qu'il n'y ait parmi eux aucun homme assez intelligent pour prendre la direction de ce travail, soit plutôt qu'ils se refusent tous à faire les moindres efforts et le moindre sacrifice d'argent, ils restent privés de cette grande ressource. Ils ne peuvent semer qu'une fois l'an, à la saison des pluies ; et encore le résultat est-il souvent problématique.

Les Chinois proprement dits, c'est-à-dire les Chinois venus des provinces voisines du Kouang-tong, se sont établis dans la partie septentrionale, où l'on trouve aussi un très grand nombre de familles issues d'alliances entre Chinois et Cantonnais. Les Chinois forment aujourd'hui la plus grande partie de la population de Formose.

X. — TCHÉ-KIANG ET KIANG-SI.

Ces deux provinces, limitrophes du Fo-kien, appartiennent l'une et l'autre à la Congrégation des Lazaristes.

Le Tché-kiang. — Situé entre le 115°45' et le 120° 10' de longitude est, et le 27° 18' au 31° 15' de latitude nord, le Tché-kiang n'est pas aussi grand que beaucoup d'autres provinces du Céleste-Empire. Il n'a guère plus de quatre degrés dans sa plus grande étendue, de l'est à l'ouest, comme du nord au midi. Mais, si l'on en considère la population, il est loin d'être au dernier rang. Il y a des statistiques qui l'ont élevée à plus de 27 millions. Cela pouvait être exact avant les dévastations des rebelles de Tchang-mao, qui ont eu lieu dans les années 1861, 1862, 1863 et 1864 ; mais il est évident que, depuis, cette population est beaucoup moindre. Les villes qui ont été occupées, à l'exception de Ning-po, renferment encore beaucoup de ruines. Certains districts ont été tellement ravagés, que les terres y restent incultes, faute de bras. S'il y a 20 millions d'habitants, c'est beaucoup dire, et c'est encore, relativement à la superficie, une population énorme.

Le Tché-kiang est extrêmement fertile, à cause des nombreux et magnifiques canaux qui le sillonnent. Les habitants sont, en général, très sobres, très laborieux et très intelligents. Les terres des plaines ne se reposent presque jamais. Après les deux moissons de riz régulières, on confie aussitôt à ces terres d'autres semences qui les occupent successivement jusqu'à l'époque où l'on doit de nouveau planter le riz.

Malgré cette admirable fertilité, le Tché-kiang ne peut cependant point, d'ordinaire, nourrir ses habitants. On est obligé d'y importer chaque année d'assez grandes quantités de riz, qui est le pain du pauvre comme celui du riche. Mais il trouve, dans d'autres produits, une large compensation. Ainsi, toute la belle soie de la Chine sort à peu près uniquement du Tché-kiang. C'est la grande richesse des trois districts de Han-tchéou, de Kia-kin et de Hou-tchéou. La pêche fournit aussi une branche de commerce extraordinaire. Outre les innombrables rivières et canaux qui sont extrêmement poissonneux, la mer, qui borde toute la partie orientale, occupe un nombre incalculable d'habitants. On fait sécher les produits de ces pêches sur les îles du littoral, puis on les expédie dans les provinces de l'intérieur. Le coton et le thé, cultivés avec succès, sont d'autres branches de commerce assez importantes.

Outre ces produits généraux, chaque ville un peu considérable a aussi ses produits particuliers. Hang-tchéou est renommé par ses tissus de soie ; Chao-hing, par son vin de riz, transporté dans tout l'empire, et le seul admis à la table des grands ;King-hoa, par ses jambons, qui se vendent à Péking jusqu'à deux taëls (16 francs) la livre ; Ning-po , par ses sculptures et ses meubles de luxe, etc. En un mot, sous le rapport matériel, la province du Tché-kiang est admirablement partagée.

La province du Tché-kiang a onze villes de premier ordre ou préfectures, et soixante-six sous-préfectures.

Le Tché-kiang fit d'abord partie du vicariat apostolique du Kiang-si, créé en 1839, et qui eut pour premier vicaire apostolique Mgr Alexis Rameau, de la Congrégation de Saint-Lazare. En 1846, il fut constitué en vicariat séparé. Mgr Lavaissière, premier vicaire apostolique, l'administra jusqu'en 1849. Il eut pour successeur Mgr Danicour, lequel fut remplacé par Mgr Delaplace, en 1854. En 1870, Mgr Guierry, coadjuteur de Mgr Mouly, vicaire apostolique du Pé-tché-ly septentrional, fut nommé vicaire apostolique du Tché-kiang. A sa mort il a été remplacé par Mgr Reynaud.

Le Kiang-si. — « Cette province, prise dans son ensemble, écrivait en 1843 le P. Laribe, représente assez au naturel une feuille d'arbre ; le pétiole, ou la tige, en est incliné vers le nord ; à l'orient, à l'occident et au midi, des montagnes élevées en dessinent le contour. De ces hauteurs partent, comme un réseau de veines régulières, toutes les eaux dont le pays est arrosé. Leur pente les entraîne vers une grande rivière qui traverse la contrée d'un bout à l'autre, comme l'artère principale, à laquelle toutes finissent par se rattacher ; elles vont ensuite, un peu au-dessus de la capitale, se jeter dans le vaste bassin d'un grand lac, et ce lac, à son tour, se décharge dans le fameux *Kiang*, l'un des plus beaux fleuves de la Chine.

» C'est là que j'ai vu pour la premère fois, avec une surprise qui tenait de l'admiration, flotter les énormes radeaux des marchands de bois de *Nang-hing*. Je les prenais de loin pour des îlots couronnés d'habitations. »

Le recensement de 1852 portait à 29.000.000 le nombre des habitants du Kiang-si. Depuis cette époque, la famine et la guerre ayant désolé cette province, il est à croire que ce chiffre a plutôt subi une diminution qu'une augmentation.

Le Kiang-si, sans être une des plus fertiles provinces de la Chine, produit en abondance du riz et du thé.

« Le Kiang-si, remarque M. Huc, est, depuis des siècles, en possession de l'industrie peut-être la plus importante de l'empire chinois. C'est dans cette province que se trouvent toutes les grandes fabriques de porcelaine dont Nan-tchang-fou est naturellement l'entrepôt général. Il y a dans cette ville plusieurs magasins immenses où l'on trouve des porcelaines de toute forme, de toute grandeur et de toute qualité, depuis ces urnes grandioses où sont représentées en relief des

TCHÉ-KIANG. — Église de Notre-Dame des Sept-Douleurs, à Ning-po.

scènes richement coloriées de la vie chinoise, jusqu'à ces petites coupes si frêles, si délicates et si transparentes, qu'on leur a donné le nom de *coques d'œufs*.

» La première fabrique de porcelaine est à King-tee-tching, à l'est du Po-yang, sur les bords d'une rivière qui se jette dans le lac. King-tee-tching n'est pas une ville à proprement parler, c'est-à-dire qu'elle n'est pas entourée de murailles. Cependant elle compte plus d'un million d'habitants, presque tous occupés à la fabrication ou au commerce de la porcelaine. Il règne, au milieu de tous ces établissements, une activité et une agitation difficiles à décrire. A chaque instant du jour, on voit s'élever d'épais tourbillons de fumée et des colonnes de flammes qui donnent à King-tee-tching un aspect tout particulier. Pendant la nuit, la ville paraît tout en feu ; on dirait qu'un immense incendie la dévore. Plus de cinq cents fabriques particulières et des milliers de fourneaux sont perpétuellement occupés à élaborer cette quantité prodigieuse de vases qu'on expédie ensuite dans toutes les provinces de la Chine, et, on peut dire, dans le monde entier. »

Le vicariat apostolique du Kiang-si, créé en 1839, comprit d'abord la province du Tché-kiang (érigée en vicariat en 1846), et eut pour premier évêque Mgr Alexis Rameau, de la Congrégation de Saint-Lazare. En 1845, Mgr Laribe succéda à Mgr Rameau et eut lui-même pour successeur (1852) Mgr Delaplace. Celui-ci, transféré au Tché-kiang, fut remplacé en 1855 par Mgr Danicourt, qui fut lui-même remplacé, en 1865, par Mgr Baldus. Après la mort de Mgr Baldus, survenue en 1869, Mgr Géraud Bray fut, le 21 mars 1870, préconisé évêque de Légion et vicaire apostolique du Kiang-si.

Actuellement trois vicariats se partagent la province : le Kiang-si septentrional, dirigé par Mgr Bray ; le Kiang-si méridional, dont le premier évêque a été Mgr Rouger, mort en 1887, et qui est présentement gouverné par Mgr Coqset ; le Kiang-si oriental, dont Mgr Vic est le vicaire apostolique.

Ces missions sont souvent visitées par des fléaux qui déciment les populations déjà si malheureuses. Dans un appel adressé dernièrement à la charité des fidèles, Mgr Vic s'exprimait en ces termes touchants :

« Voici le plus jeune, le plus pauvre et le plus humble des vicaires apostoliques, qui a recours à vous ! En écrivant, je fais taire ma timidité ; c'est la faim, dit-on, qui chasse le loup de la forêt ; c'est réellement le besoin, la pauvreté, qui m'obligent à vaincre ma répugnance et à vous tendre la main pour mes ouailles infortunées. »

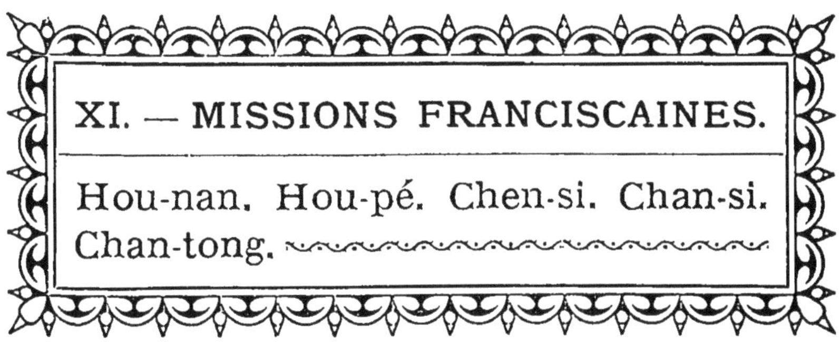

XI. — MISSIONS FRANCISCAINES.

Hou-nan. Hou-pé. Chen-si. Chan-si. Chan-tong.

AVEC le Hou-nan, nous entrons dans le domaine spirituel des fils de Saint-François d'Assise.

La houlette franciscaine couvre de son ombre cinq des plus belles provinces de l'Empire du Milieu : Hou-nan, Hou-pé, Chen-si, Chan-si, Chan-tong. En ces dernières années, les bons Pères italiens ont fraternellement partagé leur immense apanage, et donné une petite portion de la vigne qu'ils travaillaient à d'autres ouvriers désireux de défricher leur part du champ du Père de famille. Les Augustins espagnols ont obtenu un quart de la province du Hou-nan ; les prêtres des Missions-Étrangères de Rome, la moitié septentrionale du Chen-si ; et les prêtres des Missions Étrangères de Steyl (Hollande), le tiers de la province du Chan-tong.

L'histoire de la mission du Hou-nan se résume dans la vie du grand évêque qui en fut le fondateur, Mgr Navarro, mort le 9 septembre 1877.

Né à Grenade (Espagne), le 4 juin 1809, Michel Navarro avait été admis à l'âge de dix-huit ans dans l'Ordre des Mineurs Réformés ou Alcantarins, et avait fait en 1828 sa profession religieuse. Quelques années après, les Ordres religieux furent supprimés en Espagne. Vers 1838, le R. P. Navarro se rendit à Rome et entra au Collège de Saint-Pierre in Montorio, dans le dessein de s'y préparer à l'apostolat pour les missions de la Chine. Il partit en 1841 et resta d'abord à Hong-kong. Cette île lui doit la construction de sa première église catholique. De Hong-kong il passa en 1842 au Hou-kouang (Hou-pé et Hou-nan). Treize ans après, lors de la division de cette immense mission, il fut désigné pour administrer le Hou-nan. Il reçut la consécration épiscopale à Tien-men, au mois de décembre 1856, des mains de Mgr Spelta, vicaire apostolique du Hou-pé.

Mgr Navarro trouvait une province en proie à la guerre civile, au brigandage et aux vexations des mandarins. Lui-même était à la veille de subir les violences d'une nouvel orage.

On le dénonça au mandarin de Heng-tcheou-fou, comme étant le chef d'une prétendue conspiration formée par les chrétiens ; il donnait asile, disait-on, à plusieurs Européens, et recélait des amas d'armes dans sa maison et dans son église. L'évidence de la calomnie eut beau être démontrée par une visite domiciliaire des plus minutieuses, il fut arrêté le 3 novembre 1858 et conduit au mandarin, qui, transformant l'église en prétoire, y siégeait sur son tribunal.

Le premier traité de Tien-tsin était signé depuis quelques mois (27 juin), et ses dispositions touchant la liberté religieuse n'étaient un secret pour personne ; le mandarin nia formellement l'existence du traité. Pendant l'instruction du procès, arriva à Heng-theou-fou un prêtre indigène, le P. Joachim Lô, Chinois de haute naissance, et décoré du globule de cinquième ordre. Il était porteur d'une copie du traité passé en 1844 entre la France et la Chine. Cette copie était revêtue de la signature d'un grand mandarin du Kiang-nan ; impossible de nier la promulgation de ce traité, par lequel était reconnu et garanti le libre exercice de la religion chrétienne dans tout l'empire. Le mandarin de Heng-tcheou-fou, n'osant pas condamner l'évêque à mort, ne voulant pas lui rendre la liberté, prit le parti de le bannir et de l'envoyer à Canton. Mais Mgr Navarro gagna à prix d'argent le petit mandarin chargé de l'emmener, et il se réfugia dans un district écarté, jusqu'au moment où il put regagner sans péril sa résidence de Heng-tcheou-fou.

En 1869, l'état de la santé de Mgr Navarro, fortement ébranlée par les fatigues et les privations, ne lui permit pas de se rendre au concile du Vatican. En 1872, il fut pourvu d'un coadjuteur, Mgr Ézéchiel Banci, nommé évêque d'Halicarnasse *in partibus*, qu'il sacra lui-même le 15 mai 1872. Mais, en 1876, Mgr Banci, ayant été obligé, pour cause de santé, de revenir en Europe, Mgr Eusèbe Semprini fut nommé, le 20 janvier 1876, évêque de Tiberiopolis et coadjuteur avec future succession de Mgr Navarro. Sous l'administration de ce prélat, la mission a fait de nouveaux progrès : elle compte actuellement plus de 3.000 chrétiens.

Hou-pé. — La mission du Hou-pé, qui fut durant nombre d'années unie à celle du Hou-nan et qui formait avec elle celle du Hou-kouang, est également confiée aux Franciscains. Durant une quinzaine d'années, le Hou-pé forma un vicariat unique, mais en 1870, il fut divisé en trois vicariats distincts : Hou-pé oriental, Hou-pé septentrional (nord-ouest), et Hou-pé méridional (sud-ouest).

Les vicaires apostoliques résident à Ou-tchang-fou, à Lao-ho-kou et à Ita-chang.

Ou-tchang-fou, la capitale officielle du Hou-pé, est bâtie en face de Han-kéou.

Le monument le plus remarquable de cette capitale est la tour de l'Émerillon ou oiseau jaune. Elle s'élève dans l'enceinte des murailles, presque sur la rive du fleuve Bleu, au pied de la colline du Serpent. Elle a environ 30 mètres de hauteur et a été bâtie, il y a

HOU-PÉ. — Vue du port de Han-kéou ; d'après une photographie.

quelques années, sur les fondements d'une très ancienne tour détruite par les rebelles. Celle-ci, d'après les livres chinois, occupait l'emplacement d'une auberge où un bonze de Lao-tse habita longtemps. N'ayant plus le moyen de payer ses frais, ce bonze, avant de partir, peignit sur le mur un émerillon qui, disait-on, battait continuellement des ailes. Le prodige attira nombre de curieux, et l'aubergiste ne tarda pas à devenir fort riche. Le bonze, à la nouvelle de ce qui se passait, vint trouver l'aubergiste et lui dit que, ses frais d'hospitalité étant suffisamment payés, il allait effacer la peinture. L'aubergiste supplia le bonze de n'en rien faire ; mais le bonze persista dans son dessein, et l'émerillon disparut. Plus tard, on construisit une tour, qui, maintes fois renversée pendant les révolutions politiques de l'empire, a été toujours relevée pendant la paix. Les Chinois prétendent que la tour primitive fut construite un siècle avant l'ère chrétienne.

Une tour plus petite que la précédente est bâtie en face de celle-ci, sur la rive gauche du fleuve Bleu, au pied de la colline de la Tortue, qui entoure à l'est et au midi la ville de Han-yang-fou. Cette tour fait partie d'une pagode célèbre, sous la voûte de laquelle, avant la dernière révolution, un bonze bouddhiste se faisait, chaque année, brûler vif devant le peuple pour l'amour du démon. Du haut de son bûcher, il jetait une verge aux bonzes présents ; celui qui la ramassait devait se faire brûler l'année suivante. Les rebelles détruisirent ce sanctuaire infernal, et des matériaux en bâtirent une forteresse. A la paix, le peuple redemanda sa pagode. On en construisit une plus modeste ; les bonzes y rentrèrent ; mais ils semblent avoir perdu leur ancienne ferveur, car aujourd'hui ils ne se font plus brûler.

Quand on approche de Han-kéou, on aperçoit distinctement une rangée de maisons à deux étages, qui se détache de la masse épaisse des basses constructions chinoises, avec leurs toits prêts à s'envoler vers le ciel. Devant ces maisons se trouve un large quai, de la longueur d'une lieue, planté d'ifs. C'est le quartier européen de la ville.

Le port de Han-kéou fait face à Ou-tchang, dont il n'est séparé que par le fleuve Bleu, et confine à la cité de Han-yang. Au-dessous de Han-kéou flotte au milieu du fleuve une quatrième ville formée d'innombrables navires.

« Dans l'espace de cinq à six lieues, écrit M. Laribe, soit en montant, soit en descendant ce fleuve que l'on prendrait pour un bras de mer, on ne voit que maisons sur les deux rives, et au milieu une infinité de barques de la forme la plus belle et en même temps la plus bizarre. Les unes sont à l'ancre, les autres croisent du matin jusqu'au soir dans toute cette étendue.

» Péking passe pour la ville la plus vaste et la plus peuplée de l'univers, en raison du territoire qu'elle occupe ; eh bien, la population de ces quatre villes dont je viens de parler, qui tout naturellement n'en font qu'une, s'élève au triple de celle de la ville impériale. On parle beaucoup de la magnifique situation de Constantinople ; je doute fort qu'elle puisse offrir une aussi belle perspective ; si elle a quelque chose de plus séduisant, elle est loin certainement d'être aussi imposante. Quoique toutes les puissances européennes fréquentent le superbe Bosphore, son commerce est assurément bien au-dessous de celui de notre Bosphore hou-pénois. »

Les deux villes jumelles d'Ou-tchang et de Han-kéou forment, avec Han-yang, un triangle qui est peut-être la partie la plus commerçante de la Chine. C'est un des principaux entrepôts pour l'exportation du blé. Beaucoup de bateaux à vapeur remontent le Yan-tse-kiang et viennent prendre leur chargement dans le port d'Han-kéou. On assure que les droits de douane perçus sur les Européens seuls ne s'élèvent pas à moins de cinq millions de francs.

Les douanes constituent l'un des meilleurs revenus du gouvernement chinois. Après la campagne de 1860, les Français et les Anglais exigèrent, comme garantie des contributions imposées à la Chine, que les douanes fussent placées sous la surveillance d'employés européens. Le gouvernement chinois accepta, et chargea ces Européens de contrôler la gestion des employés chinois. Il se trouva fort bien de cette mesure, qui lui permit de payer les contributions de guerre sans que ses revenus fussent diminués ; la surveillance européenne avait immédiatement augmenté les recettes des douanes. Aujourd'hui encore ce sont des Anglais qui perçoivent les droits d'entrée.

Le R. P. Diego Sera, des Mineurs Observantins italiens, missionnaire au Hou-pé oriental, écrivait dernièrement de Ou-tchang-fou :

« Nous avons réussi à convertir quelques âmes de plus dans cette cité de Ou-tchang, capitale des deux provinces du Hou-pé et du Hou-nan. C'est là que les Vénérables François Clet et Gabriel Perboyre donnèrent leur vie pour notre sainte foi. Tous les néophytes montrent une grande ferveur. Les dimanches, ils se rendent à une chapelle restaurée et agrandie par les soins de Mgr Carlassare, notre évêque. Cette église est en dehors de la ville ; dans la cité nous en avons deux autres. C'est un sujet de grande édification de voir ces nouveaux convertis se rendre ainsi aux offices, surtout les pauvres femmes qui, avec leurs petits pieds liés selon les mœurs du pays, marchent durant des heures chaque dimanche, ce qui n'est pas pour elles une petite incommodité.

» Il est à désirer qu'un temple digne de cette grande ville d'Ou-tchang y soit élevé prochainement ; mais, hélas ! nous manquons de ressources ; à peine pouvons-nous subvenir aux dépenses indispensables à la mission, dépenses qui augmentent toujours avec le nombre croissant des fidèles. »

Chen-si.— Au nord-ouest du Hou-pé s'étend la province du Chen-si qui forme un vicariat depuis 1843. C'est un territoire vaste et accidenté où certaines stations chrétiennes sont à trois semaines de distance de la résidence épiscopale placée au bourg de Koum-iuen-fang (préfecture de Kao-lin).

HOU-PÉ. — Tour de l'Émérillon à Ou-tchang-Fou.

La ville la plus célèbre de cette mission est Sy-ngan-fou. C'est dans les environs de cette cité, au bourg de Tchéou-tche, qu'en 1625 des ouvriers, en creusant une tombe, trouvèrent à quelques pieds de profondeur une pierre, longue de neuf pieds et demi et large de cinq, sur laquelle une inscription syro-chinoise était gravée. Le mandarin la fit transporter dans un monastère tao-tse, où elle devint bientôt l'objet de la curiosité générale. Elle est conservée encore aujourd'hui dans le monastère de Kin-Ching, situé à l'ouest de Sy-ngan-fou. Dès 1628, quelques missionnaires jésuites, entre autres le P. Semedo, avaient pris une copie de l'inscription et l'avaient adressée à leur collége de Rome. Depuis, de nombreuses traductions en ont été faites, notamment par les PP. Kircher, Semedo, d'Alquié, etc., par M. Pautgier et autres sinologues.

L'inscription de Sy-ngan-fou, œuvre d'Adam Isdbusaïd, évêque en Chine, remonte à l'an 781 de notre ère. Elle contient un magnifique exposé de la doctrine catholique, qu'elle appelle « religion lumineuse », et « fait connaître que les livres sacrés dans lesquels sont renfermés sa doctrine et ses enseignements ont été apportés en Chine sous le règne de Tai-tsong, en 635, par un homme d'une vertu éclatante nommé Olopen, originaire du royaume de Ta-tsing (Syrie). A son arrivée à la capitale, ce digne successeur des apôtres a été accueilli avec les marques d'une faveur toute particulière par le souverain du Royaume du Milieu, qui, trois ans après, faisait paraître un des plus remarquables édits qui aient été faits en faveur du christianisme. »

L'authenticité du monument de Sy-ngan-fou est aujourd'hui incontestée; mais les sinologues en ont donné diverses interprétations. Quelques-uns, l'abbé Huc entre autres, l'ont attribué aux hérétiques nestoriens.

Devant cette divergence d'opinions, un consul de France, M. Dabry de Thiersant, a pensé qu'une nouvelle traduction de l'inscription et la publication de quelques documents inédits se rapportant à son origine, seraient de nature à intéresser tout à la fois les savants qui recherchent la vérité dans ce qu'elle a de plus noble et de plus élevé, et tout ceux qui croient à l'influence du christianisme sur le progrès de la civilisation. Et, s'attachant à l'interprétation donnée par le P. Kircher et par d'autres Jésuites éminents, M. de Thiersant a publié en 1877 une belle monographie où il montre dans une exposition pleine de clarté, appuyée de faits nombreux et de documents nouveaux et authentiques, la parfaite orthodoxie de l'inscription de Sy-ngan-fou, et réfute victorieusement l'accusation de nestorianisme portée contre elle.

Le chiffre des chrétiens de Chen-si est de 21.300. Mgr Amat Pagnucci, vicaire apostolique, est secondé dans son apostolat par huit Franciscains et quatorze prêtres indigènes.

Au mois de décembre 1884, le vicaire apostolique du Chen-si et le T. R. Père ministre général des Franciscains, exprimèrent à la Propagande le désir de voir confier à un autre Institut une partie de cette immense province, que leur Ordre ne pouvait pourvoir d'un nombre suffisant de missionnaires. Dès l'année suivante, des prêtres du séminaire de Saint-Pierre et Saint-Paul commencèrent à s'établir dans la partie méridionale. Sur la demande de Mgr Pagnucci, les cardinaux de la Propagande ont, dans leur réunion du 28 juin 1887, décrété l'érection de cette mission en vicariat apostolique, et proposé pour vicaire apostolique avec caractère épicopal M. Grégoire Antonucci, élève du séminaire de Saint-Pierre et Saint-Paul. Mgr Jacobini, secrétaire de la Propagande, ayant présenté au Saint-Père les décisions de la Sacrée-Congrégation, Sa Sainteté a daigné les approuver.

Le Chen-si septentrional reste confié aux Franciscains et garde Mgr Pagnucci pour vicaire apostolique ; le Chen-si méridional est confié au séminaire romain de Saint-Pierre et Saint-Paul. Une chaîne de hautes montagnes, orientée de l'est à l'ouest et qui coupe la province, forme la limite naturelle des deux vicariats. Le Chen-si méridional comprend les deux villes de premier ordre Han-tchang-fou et Hi-ngan-fou, avec toutes les cités de moindre importance et les territoires qui en dépendent.

Chan-si.— Cette province est située à l'extrémité de l'Empire, entre le Pé-tché-ly à l'est et le Chen-si à l'ouest. L'éloignement du littoral, la difficulté des communications avec les autres provinces, le peu de fertilité du sol, exposent les habitants du Chen-si à des disettes fréquentes. Les chrétiens y sont généralement très pauvres. Sur plusieurs points, ils n'ont pour églises que des excavations pratiquées dans le flanc des montagnes.

Pendant les persécutions, les gorges reculées de ces montagnes offrent des lieux de refuge aux missionnaires et aux chrétiens. Sous ce rapport, les séminaires et la résidence de l'évêque sont bien placés; mais ils ont l'inconvénient d'être d'un accès difficile. La partie la plus septentrionale du vicariat s'étend jusque dans la Tartarie chinoise, lieu d'exil où étaient envoyés, de toutes les provinces de l'Empire, ceux des chrétiens que les mandarins n'avaient pu condamner à mort.

L'évêque, Mgr Louis Moccagatta, le doyen des évêques de la Chine, réside à Tai-iuen-fou; il a pour coadjuteur Mgr Grassi. 15.000 néophytes.

Chan-tong. — Cette province forme la presqu'île qui sépare le Pé-tché-ly du Kiang-sou, et s'avance en face de la Corée. Après avoir appartenu longtemps au diocèse de Péking, elle fut érigée en vicariat vers la fin de 1840, et Mgr de Besi fut appelé à en prendre la direction.

Le Chang-tong avait alors 4.000 chrétiens « disséminés çà et là à de si grandes distances, disait Mgr de Besi, qu'ils ne pouvaient ni se prêter appui, ni recevoir la visite fréquente d'un missionnaire ; tous étaient dans la plus profonde indigence, et constamment persécutés par les idolâtres du Chan-tong, dont le naturel altier et féroce ne ressemble en rien au caractère général des Chinois. Dans plusieurs districts, le prêtre ne pouvait se présenter que de nuit. » Le vicaire apostolique lui-même était obligé d'errer de côté et d'autre, sans asile, sans ressources assurées, sans vêtements pontificaux.

Malgré ces difficultés toujours renaissantes, la foi étendait peu à peu ses conquêtes, et, en moins de dix ans, Mgr de Besi vit doubler le nombre de ses chrétiens. Lorsque Mgr Louis de Castellazo lui succéda en 1849, il en trouva 8.000.

Les néophytes dépassent aujourd'hui le nombre de 15.000. Ils sont dispersés dans trois cents chrétientés. Le vicaire apostolique actuel est Mgr Benjamin Jérémie ; il réside à Tsi-nan-fou ; il a succédé en 1885 à l'illustre Mgr Cosi, qui gouverna durant quinze années cette grande et belle province.

La partie méridionale du Chang-tong appartient depuis quelques années au séminaire du Steyl. L'évêque, Mgr Anzer, réside à Pouoli.

Un acte du dernier synode de Han-kéou. — Tous les évêques de ces belles missions du centre de la Chine adressaient du Houpé, le 19 mai 1887, à MM. les directeurs de l'œuvre de la Propagation de la Foi, la lettre suivante :

« Réunis une seconde fois en synode à Han-kéou, les évêques et les représentants de onze vicariats apostoliques se font de nouveau un devoir de vous témoigner leur profonde gratitude et, par vous, d'envoyer le même témoignage à tous les associés de la Propagation de la Foi, qui sont leurs bienfaiteurs, les fondateurs et les soutiens de leurs missions.

» Nous représentons ici sept grandes provinces entre les dix-huit dont se compose la Chine entière, et une population d'environ cent soixante millions d'âmes, que nous avons la charge d'amener à la connaissance de la vérité.

» Nos onze vicariats comptent un total, assez inégalement réparti entre chacun d'eux, de 170.000 chrétiens. Le moins mal favorisé a deux chrétiens pour mille habitants ; six n'en ont qu'un seul ; trois n'ont qu'un chrétien pour deux mille et même pour trois mille païens. Enfin, un dernier, de création nouvelle, n'a encore qu'un chrétien pour 80.000 infidèles.

» Rien ne saurait vous dire plus éloquemment quel bien il y a à faire en Chine. Des âmes, en plus grand nombre que presque partout ailleurs, y vivent plongées encore dans l'idolâtrie et au sein de toutes les ténèbres. Les missions de la Chine peuvent-elles ne pas être considérées, à ce point de vue surnaturel et supérieur, comme des missions incomparables et surpassant presque toutes les autres, par l'importance des trésors d'âmes à sauver qu'elles renferment dans leur sein ?

» Parmi ce qui s'est passé ces derniers temps surtout, ne faut-il pas mettre au premier rang ces assemblées synodales, si utiles au bien général de nos chrétientés, et si propres à décupler les forces de chacun de nous ? Nous y constatons, hélas ! tout d'abord, notre petit nombre, notre faiblesse relative, notre impuissance. Qui vit jamais, en effet, une plus petite armée en face de plus nombreux ennemis ? Nous sommes seulement deux cent cinquante prêtres missionnaires, tant européens qu'indigènes, pour cent soixante millions d'infidèles à convertir et cent soixante-dix mille chrétiens à entretenir dans la foi. Cela ne nous décourage point, mais nous apprend à compter sur DIEU qui nous envoie, et en qui seul est notre force....

» Usant avec joie du pouvoir qui nous est donné de bénir, tous nous levons les mains au ciel, et implorons sur vous, Messieurs, et sur les associés de l'œuvre entière de la Propagation de la Foi, des bénédictions qui les récompensent au centuple de leurs charités. Puissions-nous aussi obtenir de l'œuvre elle-même une force d'expansion et de dilatation qui la fasse prospérer par toute la terre, comme elle prospère dans le pays qui fut son berceau. »

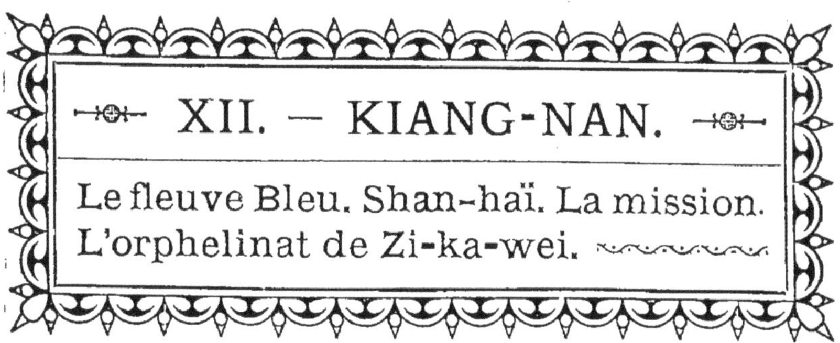

XII. — KIANG-NAN.

Le fleuve Bleu. Shan-haï. La mission. L'orphelinat de Zi-ka-wei.

REPRENONS la mer et, de Tché-fou, port principal de la province du Chang-tong, filons directement sur Shang-haï. Un pilote chinois nous guide à l'embouchure du Yang-tsé-kiang, le célèbre fleuve Bleu des Européens, le plus grand cours d'eau du globe après l'Amazone. C'est la grande artère commerciale du Céleste-Empire, et la grande route de toute la Chine centrale.

KIANG-NAN. — Observatoire magnétique et météorologique des Pères de la Compagnie de Jésus à Zi ka-wei ; d'après une photographie.

L'entrée de ce fleuve est difficile, pour les navires à voiles surtout ; de nombreux bancs de sable obstruent son embouchure. Le bateau remonte pendant deux ou trois heures le fleuve Bleu, puis, virant de bord du côté de la rive droite, il entre dans le Wan-pou. Cette rivière est, jusqu'au-delà de Shang-haï, large comme la Tamise à Londres. Le bateau remonte à Wan-pou pendant une heure et demie ou deux heures, suivant le courant de la marée, et le voilà devant le port de Shang-haï. Ainsi sont situés tous les grands ports de Chine, jamais sur le bord de la mer, mais à une certaine distance, et sur un fleuve ou une grande rivière en tout temps navigable.

On comprend sous le nom de Kiang-nan deux des plus belles et des plus riches provinces de la Chine : le Kiang-sou et le Ngan-hoei.

Situé entre le 29° et le 35° 10' de latitude et le 113° et le 119° 20' de longitude, traversé par le Yang-Tsé-Kiang, ce fleuve majestueux que les Chinois appellent le *Fils de la mer* (Yang-Tsé), sillonné en tous sens de rivières et de canaux, le Kiang-nan est peut-être la mieux cultivée et la plus fertile province de la Chine. Des lacs en grand nombre, et la mer, qui baigne la côte orientale, lui apportent encore un surcroît de richesses. Les principales productions sont le riz, le coton, le thé, la soie de mûrier, la soie de chêne et le chanvre d'ortie. On rapporte généralement à la multiplicité des cours d'eau et au grand nombre de rivières le climat pernicieux du Kiang-nan. Les fièvres et autres maladies épidémiques y font souvent de terribles ravages.

On fixe généralement la population à 38 millions d'âmes pour le Kiang-sou et à 34 millions pour le Ngan-hoei. Mais la mortalité effrayante dont nous avons parlé nous porte à croire ces chiffres exagérés, ou tout au moins difficiles à redresser d'une manière exacte.

Ainsi que nous l'avons dit, le Kiang-nan se divise en deux provinces, le Kiang-sou et le Ngan-hoei.

Nanking (Kiang-lin-fou) est la capitale de toute la province et la résidence du vice-roi qui gouverne les trois provinces du Kiang-sou, du Ngan-hoei et du Kiang-si.

Le Kiang-sou a pour capitale Sou-tchéou-fou, et le Ngan-hoei, Ngan-kin-fou.

Chacune de ces deux provinces a son gouverneur particulier.

En 1841, sur la demande de Mgr de Besi, vicaire apostolique du Chang-tong et administrateur de Nanking, le Kiang-nan fut de nouveau confié à la Compagnie de JÉSUS. Successivemeut gouverné par Mgr Maresca (1849) et par Mgr Spelta, son coadjuteur, il fut, en 1856, pourvu d'un provicaire, le P. André Borgniet, qui, en 1859, fut élevé à la dignité de vicaire apostolique. Après la mort de Mgr Borgniet (31 juillet 1862), le Kiang-nan fut administré par le P. Gonnet jusqu'à l'arrivée de Mgr Adrien Languillat, transféré du Pé-tché-ly oriental le 6 septembre 1864. Le vicaire apostolique actuel est Mgr Garnier.

Shang-haï. — Vous apercevez d'abord nombre de belles maisons européennes, des quais magnifiques, des jardins parfaitement entretenus : vous vous croyez réellement en Europe. Et, en effet, vous n'êtes pas tout à fait en pays chinois. Ce que nous voyons ainsi bâti et disposé à l'européenne, ce sont les concessions : concession américaine, concession anglaise, concession française, qui touchent la ville chinoise. Ces trois concessions à elles seules formeraient déjà une grande ville. Les rues sont larges et bien entretenues. Les Chinois qui les habitent, et ils forment la grande majorité, sont obligés de respecter la largeur de ces rues et de se contenter de leurs magasins.

Après les concessions vient la ville chinoise ; elle peut se diviser en deux parties : la ville murée et le faubourg. La ville murée est à proprement parler Shang-haï, et le faubourg est connu sous le nom de Tong-ka-dou. Ces deux parties de la ville indigène et les trois concessions forment ainsi une grande ville, dont la population est évaluée à près de 300.000 habitants.

Nous traversons la concession française, la moins bâtie mais la mieux placée des trois ; et c'est avec un certain étonnement que, si loin du pays natal, nous rencontrons des agents de police avec un bâton tricolore, et que nous voyons des noms de rues écrits en français.

Les jonques, les tankas, les bateaux de fleurs sont refoulés devant la ville chinoise ; plus de cent navires de commerce sont à l'ancre devant la ville européenne ; et une ligne imposante de somptueux édifices couvre le vaste coude que fait la rivière en cet endroit.

Shang-haï n'est qu'une ville de troisième ordre de la province du Kiang-nan ; elle est peu importante dans la hiérarchie des villes chinoises, et doit sa prospérité récente à l'ouverture de son port au commerce étranger. Les habitants du Kiang-nan sont doux et bienveillants envers les étrangers ; tandis qu'à Canton les Européens ne peuvent sortir des murailles sans risquer leur tête, les négociants de Shang-haï circulent sans crainte dans un rayon de plusieurs lieues autour de la ville. La chasse est leur divertissement favori ; il y a des lièvres, des bécassines et des faisans en grand nombre. Durant les grandes chaleurs de l'été, il est d'usage de se rendre *aux Collines*, petits monticules situés à une dizaine de lieues de Shang-haï, où l'on trouve un air plus vif et de frais ombrages. Chaque famille a sa jonque, et l'on habite sur la rivière. De grands lacs s'étendent auprès. C'est là que l'on assiste à la pêche au cormoran, spectacle si nouveau pour un Européen. Chaque pêcheur a dans sa barque plusieurs de ces oiseaux qui plongent pour saisir leur proie ; mais le cormoran a au cou un anneau qui l'empêche d'avaler le poisson, et il le rapporte à son maître, en désespoir de cause. Les cormorans nagent vite et par soubresauts, plongent à une assez grande profondeur et restent longtemps sous l'eau. Leurs propriétaires les stimulent par des mots ou des exclamations, et ils semblent comprendre leur maître. Quand ils reviennent sur l'eau sans butin, ils n'ont pas l'air contents, soufflent avec force et grognent comme des chiens.

La campagne autour de Shang-haï est d'une excessive fertilité :

on obtient de la même terre deux ou trois récoltes par année ; mais le paysage est extrêmement monotone : de tous côtés s'étendent à perte de vue de vastes champs de riz ou de coton, sans que le moindre bouquet d'arbres vienne réjouir un instant les yeux.

Au point de vue religieux, qu'y a-t-il dans cette ville ? A Tong-ka-dou, il y a la cathédrale, le petit séminaire, des écoles primaires. La paroisse compte 2.600 chrétiens vraiment fervents. Chaque dimanche on a une moyenne de cinq cents communions.

ORPHELINAT DE ZI-KA-WEI. — Orphelins imprimant, d'après les procédés chinois, un mandement de Mgr le vicaire apostolique de la mission du Kiang-nan.

Dans la ville murée existent plusieurs belles œuvres, mais le nombre des chrétiens y est peu nombreux ; on s'occupe beaucoup de commerce et on n'a pas le temps de se convertir !

Dans la concession française est la paroisse de Saint-Joseph ; (la concession porte le nom de Yang-king-pang.) Sur les soixante Français qui habitent le pays, peu fréquentent la paroisse.

Néanmoins, c'est la paroisse du grand monde, fonctionnaires, consuls et consulesses, etc., sans compter les Chinois. Non loin de de là se trouve la maison des Religieuses Auxiliatrices, qui ont la plus belle église de tout le pays, un pensionnat, des écoles primaires, un orphelinat, en tout cent quatre-vingts enfants.

Dans la concession anglaise, rien. Les Anglais catholiques vont à Saint-Joseph, qui est à une très petite distance.

Sur la concession américaine il y a le collège européen et une paroisse. Le collège compte cent cinquante-deux élèves. La paroisse se compose de Chinois, de Manillois, de Portugais, etc. Ces derniers, les Portugais, sont au nombre de six cents, et ont encore, grâce à DIEU, une foi solide, ce qui fait que, malgré bien des sottises, à la moindre alerte ils réclament les sacrements.

N'oublions pas le grand hôpital européen dirigé par les Sœurs de Saint-Vincent de Paul et situé sur la concession.

Zi-ka-wei. — A deux lieues de Shang-haï se trouve Zi-ka-wei, centre de la Mission. Deux grandes routes y conduisent, les deux seules routes du pays ; les autres chemins sont des sentiers : ainsi est la mode. Là réside le Supérieur de la Mission ; l'évêque y demeure le plus ordinairement ; tous les élèves théologiens et philosophes y ont leur maison d'étude.

La paroisse compte sept cents bons chrétiens. Derrière l'église il y a une école de garçons. A l'ouest est le grand séminaire, puis le collège chinois. A cinq cents mètres, on aperçoit une chapelle surmontée d'un clocher et à côté une maison européenne : c'est le Carmel. Sur le même plan le grand orphelinat de Tou-cé-wei, qui n'est séparé du Carmel que par le canal. Plus près, se dresse une pyramide en bois au pied de laquelle est une maison d'assez belle apparence: c'est le célèbre observatoire magnétique et météorologique dirigé depuis une quinzaine d'années par le R. P. Marc Dechevrens ; il est pourvu de tous les instruments en usage dans les observatoires de second ordre ; dans le même enclos est un musée d'histoire naturelle. A l'est et de l'autre côté du canal, se trouve le grand établissement des Auxiliatrices, qui ont là plusieurs belles œuvres : écoles de petites filles, orphelinat, noviciat des religieuses chinoises appelées Présentandines, pensionnat, etc.

L'orphelinat des garçons est l'établissement qui frappe le plus les étrangers qui viennent visiter Zi-ka-wei. A quelque religion qu'ils appartiennent, qu'ils soient Anglais, Russes ou Parsis, tous n'ont que des termes d'admiration pour le louer. On peut résumer toutes les appréciations dans celle du ministre de Russie à Péking : « Je n'avais que trois jours à passer à Shang-haï, disait-il : deux ont été pris pour mes affaires ; mais je me serais fait scrupule de ne pas visiter cette maison, dont tous les ministres étrangers de Péking m'ont parlé avec tant d'éloges , et je vois qu'ils ne m'ont rien dit d'exagéré. »

Les pupilles de l'orphelinat y apprennent un métier, chacun suivant ses goûts, sous des maîtres et des contre-maîtres dont quelques-uns sont d'anciens orphelins. Les principaux métiers sont la menuiserie, la cordonnerie, la confection des habits, la sculpture, la dorure, la vernissure, la peinture, le dévidage et le tissage du coton, ainsi que l'agriculture. Il y a aussi quelques graveurs sur bois pour planches et caractères d'imprimerie. Nous n'insisterons pas sur ces divers métiers, qui sont tout à fait chinois. C'est par là que les orphelins doivent gagner leur vie au milieu de leurs compatriotes ; il leur faut donc subir toutes les exigences locales.

On conserve les planches gravées, que l'on remplace par de nouvelles au fur et à mesure que les anciennes sont usées. Or, on possède ainsi les planches de soixante-dix ouvrages au moins, tous de religion ou de piété, qui sont destinés soit à convertir les païens, soit à réfuter les calomnies, soit à instruire les fidèles et à nourrir leur dévotion. De plus, c'est là que se grave et s'imprime tout ce qui sert annuellement, comme les billets pour les morts, les calendriers, les mandements et les avis de Mgr le vicaire apostolique.

A l'orphelinat de Zi-ka-wei, les Pères ne retiennent aucun enfant par force ; c'est le meilleur moyen de les garder tous. Il ne faut pas s'attendre à trouver dans ces pupilles les sentiments distingués et délicats que l'on rencontre avec tant de bonheur dans des établissement semblables en Europe : le milieu d'où sortent ces enfants ne permet guère de l'espérer. Et cependant l'action de la grâce est manifeste sur ces natures grossières, ramassées dans la boue des chemins, sur ces enfants abandonnés ou vendus par des parents dénaturés et élevés dans le paganisme. Du reste, le but essentiel est atteint : on forme des ouvriers chrétiens ; aucun n'est mort sans avoir reçu le baptême.

XIII. — HO-NAN.

SUR sa frontière occidentale, le Kiang-nan confine au Ho-nan. Ce vicariat apostolique, créé en 1844 et confié, à cette époque, à la Congrégation de Saint-Lazare, est administré, depuis 1869, par la Société des Missions Étrangères de Milan. Il a été dédoublé en 1882 et forme actuellement deux vicariats : le Ho-nan septentrional et le Ho-nan méridional, dirigés, le premier par Mgr Scarella, le second par Mgr Volonteri.

La population du Ho-nan est de 23 millions d'habitants, dont 6.000 catholiques administrés par 9 missionnaires et 7 prêtres indigènes.

Mgr Siméon Volonteri réside dans un village près de Nan-yang-fou, à l'ombre de la belle église du Sacré-Cœur achevée et consacrée en 1877. C'est dans ce village que fut arrêté, le 6 juin 1819, le Vénérable Clet, de la Congrégation de St-Lazare, martyrisé à Ou-tchang-fou le 19 août 1819.

La gravure qui accompagne la vue générale de l'église du Sacré-Cœur représente un missionnaire expliquant la doctrine catholique au pied d'un arbre, dans la cour du séminaire, La cloche que l'on voit suspendue à une branche y a été placée, il y a vingt-huit ans, par M. Delaplace, mort vicaire apostolique de Péking, alors simple missionnaire dans le Ho-nan.

C'est dans la province du Ho-nan que se trouve la ville de Lou-y (la ville du cerf, *Lou*, cerf, *y*, ville), à 34° latit. N. et 0° 54' long. O. de Péking. Ce n'est qu'une ville de troisième ordre ; cependant elle est fameuse dans les fastes de l'histoire de la Chine. Lou-y est la patrie du grand philosophe Lao-tze ou Lao-Kioun (604 av. J.-C.), à qui les Chinois attribuent la création du ciel et de la terre. On voit encore, à 4 kilom. de l'église de Lou-y, le tombeau de sa mère, que l'on dit avoir été vierge. Ce fut, dit-on aussi, dans le même endroit qu'eut lieu la rencontre de Confucius et de Lao-tze, et que Lao-tze prononça ces paroles :

« Le sage dont la vertu est entière aime à porter sur son visage et dans son extérieur les caractères de la simplicité. Renoncez à l'orgueil et à la multitude de vos désirs ; dépouillez-vous de votre extérieur brillant et des visées ambitieuses qui vous occupent ; sans cela vous ne servirez à rien. C'est tout ce que je puis vous dire. »

Ces paroles firent une grande impression sur Confucius, qui rentra aussitôt dans sa maison, où il demeura trois jours sans parler. On montre encore, près de l'église catholique de Lou-y, une pierre commémorative de la rencontre des deux grands philosophes.

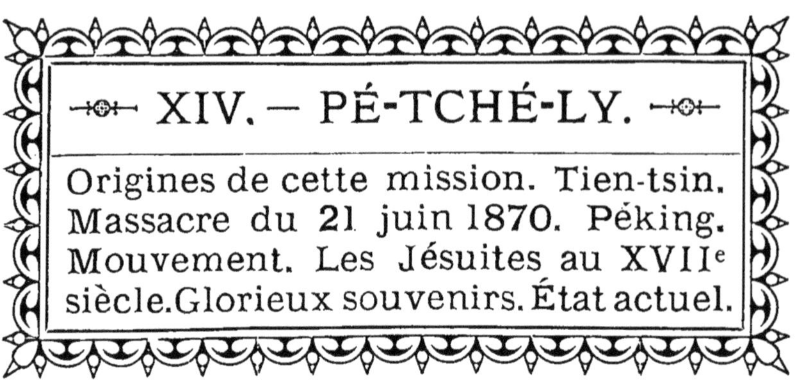

XIV. — PÉ-TCHÉ-LY.

Origines de cette mission. Tien-tsin. Massacre du 21 juin 1870. Péking. Mouvement. Les Jésuites au XVIIe siècle. Glorieux souvenirs. État actuel.

ENTRONS maintenant au Pé-tché-ly, cette province célèbre qui possède la capitale du Céleste-Empire.

Que de souvenirs glorieux pour l'apostolat se rattachent au nom de Péking ! Trois familles religieuses différentes ont successivement eu l'honneur de prêcher l'Évangile dans la métropole des Fils du Ciel : les Franciscains, les Jésuites, les Lazaristes.

C'est en 1307 qu'un Franciscain italien, Jean de Monte-Corvino, fut créé par le Saint-Siège premier archevêque de Péking. Son successeur fut un français, Nicolas, professeur de théologie à la faculté de Paris. Mais la difficulté des communications ne tarda pas à amener la ruine de cette mission.

Il serait intéressant de découvrir la sépulture de ces premiers pionniers de la civilisation occidentale, auxquels il fallait alors des années pour franchir les contrées comprises entre Rome et le siège de leur apostolat.

Après la découverte du cap de Bonne Espérance en 1487, l'œuvre des missionnaires reprit de l'extension.

En 1590, le P. Matthieu Ricci fondait la mission de Péking, qui, maintenant qu'on voit mieux que jamais les difficultés à vaincre, est considérée comme un des plus beaux titres de gloire de la Compagnie de JÉSUS. Partis de la plus humble situation, les Jésuites acquirent bientôt une influence réelle à Péking et surent la conserver durant près de deux siècles.

Ce sont les pieux et zélés fils de Saint-Vincent de Paul qui furent appelés à recueillir l'héritage des fils de Saint-Ignace. Depuis 60 années qu'ils sont établis dans la cité impériale, les Lazaristes, secondés par les vaillantes Filles de la Charité, travaillent avec un zèle admirable à l'œuvre de DIEU.

Tien-tsin. — Cent kilomètres avant d'arriver à Péking, quand on suit la voie du Pei-ho, on rencontre sur la rive de ce fleuve une ville peuplée d'un million d'âmes. C'est le port de Péking, Tien-tsin, tristement célèbre en ces derniers vingt ans par le massacre dont nous allons rappeler les principaux traits.

En 1860, le gouvernement chinois avait cédé à la France la résidence impériale de Tien-tsin, qui se trouve à la jonction du Pei-ho et du grand canal, entourée de trois côtés par la rivière. Le Consulat s'installa à la pointe de cette magnifique position et lui conserva son caractère d'architecture chinoise. Les missionnaires lazaristes construisirent une belle église dont la façade se dressait au bord du fleuve.

Dans l'intérieur de la ville, trop loin malheureusement, furent établies les Sœurs de Charité, qui tenaient la Sainte-Enfance et un dispensaire.

Le 21 juin 1870, en plein jour, de neuf heures du matin à cinq heures du soir, tous les résidents français de Tien-tsin, hommes et femmes, à l'exception d'un ou deux seulement, furent massacrés. Au nombre des victimes étaient : M. Fontanier, consul de France, et son interprète, M. Simon ; M. Thomassin, chancelier de légation, qui, revenant de France à Péking, s'était arrêté avec sa jeune femme à Tien-tsin, pour voir le consul son ami ; M. l'abbé Chevrier, procureur des Lazaristes, et un prêtre chinois de la même Congrégation ; dix Sœurs de Saint-Vincent de Paul : Sœurs Élisabeth Marquet, supérieure, belge ; Joséphine Adam, belge ; Louise O'Sullivan, irlandaise ; Victoire Andréoni, italienne ; Marie Clavelin, Thérèse Lenu, Vincent Legras, Aurélie Letellier, Eugénie Pavillon et Louise Violet, françaises. De plus, M. et Mme de Chalmaison, marchands à Tien-tsin, et MM. Protopopoff et Bazof avec la jeune femme du premier, résidents russes, pris pour des Français, furent massacrés par la populace. Ajoutez à cette liste tous les domestiques du consulat français et de la procure des Lazaristes, toutes les personnes employées dans les établissements de la Sainte-Enfance, plus de cent orphelins brûlés vifs dans la maison des Sœurs françaises, et enfin un nombre considérable de chrétiens, et vous n'aurez cependant qu'une idée incomplète de l'horrible massacre de Tien-tsin.

Plus horribles encore sont les détails. Le consul de France eut la tête et le visage littéralement labourés de blessures, et la poitrine transpercée à coups de lance ; M. Simon fut mutilé au point d'être méconnaissable ; M. Thomassin, affreusement entaillé à la tête, au visage et par tout le corps, eut le ventre entr'ouvert ; sa femme fut assommée à coups de massue ; M. l'abbé Chevrier eut le crâne fracassé, la poitrine et le ventre ouverts. Des Sœurs de Saint-Vincent de Paul, cinq furent mises à mort de la manière la plus barbare.

Et cette boucherie épouvantable s'accomplit régulièrement, au son du tam-tam, qui en avait donné le signal. Quand il n'y eut plus de Français à massacrer, on sonna la retraite, et les exécuteurs se retirèrent en bon ordre dans leurs foyers. Les mandarins et leurs satellites, témoins de cette sanglante tragédie, ne paraissaient être là que pour veiller à l'exécution des ordres donnés. Inutile d'ajouter que le consulat français, la cathédrale, tous les établissements de la Sainte-Enfance, livrés aux flammes, n'offraient plus qu'un amas de ruines.

Dix-sept mois après cette scène affreuse, le 23 novembre 1871, une ambassade chinoise venait à Versailles présenter au gouvernement français des explications et des excuses. Deux discours furent échangés. Tel fut l'épilogue officiel du drame du 21 juin 1870.

Les emplacements restent encore aujourd'hui dévastés ; les tombes des victimes s'élèvent dans l'ancien jardin du consulat. Le nouveau consulat et les établissements de la mission ont été construits dans la concession européenne ; l'église est dédiée à saint Louis. Les Sœurs tiennent un hôpital pour les Chinois et pour les étrangers, et distribuent des médicaments. Le vicaire apostolique n'a pas permis le rétablissement d'un orphelinat ; il voulait attendre que la population fût convaincue de l'absurdité des accusations portées contre la Sainte-Enfance (yeux arrachés, remèdes secrets), et sollicitât elle-même le rétablissement de cette belle œuvre.

Péking. — Entrons maintenant dans l'immense capitale du Fils du ciel.

Visitons les monuments les plus grandioses et les plus intéressants de la ville.

Cette grosse tour carrée qui domine les murs du sud-est, auxquels elle est adossée, c'est l'ancien observatoire des Jésuites.

L'observatoire de Péking dépend du tribunal des mathématiques, dont le frère aîné du prince Kong est le président. Créé en 1279 par le premier empereur mongol qui régna en Chine, l'observatoire fut confié à des astronomes de race arabe que les Mongols avaient fait venir des pays conquis en Occident. Depuis lors, ces musulmans se transmirent de père en fils la direction de cet établissement jusqu'au commencement du dix-septième siècle, époque à laquelle les missionnaires catholiques, et entre autres le P. Verbiest, attirèrent l'attention de l'empereur Choune-tche sur le progrès qu'avaient fait les sciences mathématiques en Europe.

L'empereur Choune-tche, entendant d'un autre côté les musulmans dénigrer la science des Pères Jésuites, eut recours au stratagème suivant, pour savoir de quel côté se trouvaient les ignorants. Un soir, il fit planter une demi-douzaine de flèches sur un mur exposé au midi. Toutes ces flèches, irrégulièrement placées, formaient chacune avec le mur un angle différent.

« — Je vous donne jusqu'à demain au lever du soleil, dit l'empereur aux savants rivaux, pour calculer où porteront à midi les ombres de toutes ces flèches. »

Les Pères Jésuites eurent facilement gain de cause, et cette victoire valut au P. Verbiest la présidence du tribunal des mathématiques, charge qu'il sut remplir avec le plus grand talent. L'empereur lui décerna des titres de noblesse pour lui et sa famille. Le décret fut gravé sur une riche tablette encadrée de dragons d'or, tablette qui avait été placée à l'observatoire et qu'on voit aujourd'hui à la légation de France.

C'est le P. Verbiest qui fit fondre les magnifiques instruments de bronze qu'on peut encore admirer aujourd'hui et que, malheureusement, le gouvernement chinois n'a pas permis d'expédier à l'Exposition rétrospective de Paris en 1867.

Parmi ces instruments, signalons surtout un globe céleste de six pieds de diamètre. Le corps du globe céleste est de fonte, très rond et parfaitement uni; les étoiles sont bien formées et placées selon leurs positions naturelles; tous les cercles sont d'une largeur et d'une épaisseur proportionnées. Ce globe est si bien suspendu que le moindre contact l'ébranle en un mouvement circulaire et qu'un enfant le peut mettre à toute sorte d'élévation, quoiqu'il pèse plus de deux mille livres.

Quand les Jésuites furent expulsés de l'empire, l'observatoire fut abandonné, aucun savant du pays n'étant de force à leur succéder. Depuis plus d'un siècle que l'établissement est placé sous les scellés impériaux, rien n'a été changé de place. Un lourde porte en bois vermoulu conduit dans une petite enceinte placée à la base des remparts, entourée de bâtiments dégradés et plantée d'arbres deux fois centenaires. C'est là que demeure le gardien de l'observatoire, invalide des âges passés, qui a l'air aussi vieux que les instruments qu'il est chargé de surveiller.

Cette cour contient, outre deux grandes sphères célestes, une horloge d'eau ou clepsydre dont la conception mécanique est un chef-d'œuvre de patience. Ce sont quatre bassins de cuivre placés sur des gradins en briques et régulièrement étagés : chaque bassin communique avec l'autre et avec un petit trop plein, d'où l'eau tombe goutte à goutte. Dans celui du bas se trouve une planche, sur le côté de laquelle est fixée une aiguille indicatrice. Dès que la quantité d'eau tombée était suffisante pour équivaloir à un quart d'heure, un gardien frappant sur un tambour annonçait les heures du haut des murailles. Cette primitive horloge ne fonctionne plus depuis longtemps.

Il règne dans la cour de l'observatoire une humidité pénétrante et une odeur de moisissure insupportable ; les vieux murs sont couverts de mousse, les aciers et les fers sont rongés par la rouille, les bassins de cuivre et les pieds de bronze sont recouverts d'une épaisse couche de vert de gris. Le gardien de l'établissement s'est scrupuleusement abstenu de gratter les murs, de frotter ou de polir les instruments qui lui sont confiés, dans la crainte de se compromettre et d'aliéner les pouvoirs magiques que la tradition attribue à ces curieux spécimens de l'ancienne astronomie.

Au fond de l'enceinte se trouve un escalier qui conduit sur la

THÉATRE DU MASSACRE DE TIEN-TSIN. — Résidence des missionnaires Lazaristes, d'après les dessins du R. P. Gab. de Beaurepaire, S. J.

plate-forme de la tour, élevée de quatre mètres au-dessus des murailles. Deux sphères armillaires, un horizon azimutal, un quart de cercle et un immense globe céleste y sont restés à la même place depuis cent quarante ans, tournés sans doute vers le point de l'horizon où la main du P. Verbiest les avait dirigés. Un vieil escabeau en bois de fer se voit encore dans un coin de la plate-forme ; peut-être a-t-il servi aussi à l'astronome jésuite.

Sur le globe céleste dont nous avons parlé plus haut sont représentés les douze signes du Zodiaque ,mais tout cela est bien effacé et dégradé par le temps. Les pieds de tous ces instruments, coulés en bronze, sont formés par le dragon impérial qui y rampe dans toutes les postures. Le globe céleste repose sur une large base d'airain, formée en cercle et vidée en canal dans tout son pourtour, qui porte, sur quatre points également distants, quatre dragons informes ; leur chevelure hérissée soutient en l'air un horizon artificiel, magnifique par sa largeur, par la multitude et par la délicatesse de ses ornements.

Le missionnaire ou l'artiste inconnu, auteur de ces merveilles, a vraiment accompli un chef-d'œuvre qui pourrait servir de modèle à la sculpture d'ornementation. Vue du centre de la ville, la tour de l'observatoire prend un aspect étrange ; les leviers, les bielles, les grands bras de ces machines astronomiques s'y dessinent à l'horizon comme les membres d'une gigantesque araignée.

Tel est cet établissement élevé à l'époque de la plus grande autorité des missionnaires catholiques dans les conseils de l'empire, et qui seul a été respecté et défendu contre le pillage et la destruction populaire auxquels furent livrées toutes leurs propriétés.

L'enceinte de l'observatoire est voisine de celle du temple des lettrés ; ce vaste *Yamoun*, qui s'appelle le *Wen-hio-koung*, est la propriété du corps des lettrés.

C'est là qu'ont lieu chaque année les examens littéraires ; à cette époque, une foule nombreuse se presse à la porte pour en connaître les résultats. Car on ne peut arriver à aucune position officielle en Chine sans avoir pris ses grades.

On trouve dans le *Wen-hio-koung* des salles spacieuses richement lambrissées pour les solennités littéraires ; dans le jardin, qui est magnifique, il y a une pagode en l'honneur de Confucius, et une rangée de petites cellules où sont enfermés les aspirants lettrés qui y traitent par écrit la question assignée ; ils n'ont le droit d'emporter avec eux que du papier blanc, une écritoire et des pinceaux ; une sentinelle veille à la porte pour empêcher toute communication des concurrents entre eux et avec le dehors. Le Yamoun des lettres est habité par un gouverneur ou surintendant littéraire.

Des innombrables palais qui forment l'enceinte impériale habitée par Sa Majesté Kouang-su, deux éveillent des souvenirs intéressants pour les amis des missions : c'est le *Kiang-tsin-kong* (palais de la Pureté céleste) et le *Yang-sine-tiène* (palais de la Méditation).

C'est dans le palais de la Pureté céleste que, sous la direction des Pères Jésuites Bouvet et Pereira, l'empereur Kang-hi étudiait assidûment Euclide et faisait faire de son œuvre une traduction chinoise.

C'est dans le palais de la Méditation que les Pères Jésuites Bouvet et Pereira présentèrent à l'empereur Kang-hi, entre autres produits de leur ingénieuse industrie, un objet assez inattendu et qui eut le don, paraît-il, de frapper vivement le Fils du ciel : c'était un modèle de chandelles qui se mouchaient elles-mêmes.

Les Pères Jésuites, dans leurs rapports avec la cour impériale, mettaient en œuvre avec une patience infinie tous les procédés de la diplomatie la plus subtile et la plus souple, et ils ne dédaignaient aucune occasion de fournir au souverain de la Chine, même dans les choses les plus infimes, une preuve nouvelle de la supériorité de leur intelligence.

A l'angle sud-ouest de la ville Tartare. on peut voir encore les ruines des vastes bâtiments dont se composait l'écurie des éléphants. Jadis les empereurs de la dynastie des *Ming* y entretenaient trente éléphants. Depuis que les Mandchoux, les barbares du nord, se sont emparés de l'empire, les nouveaux souverains ont méprisé les pompes grandioses du despotisme asiatique, personnifiées par ce majestueux animal. Cependant, il y reste encore un éléphant tout blanchi par l'âge, dont les défenses sont usées, et qui n'y voit plus que d'un œil ; il doit avoir plus de cent ans, et son existence est une preuve irréfutable de la longévité qu'on attribue à ces colosses de la création. C'est le dernier et vénérable témoin des magnificences de cette cour du Fils du ciel, célébrées par les voyageurs et les missionnaires du dix-septième siècle.

Les établissements des missions chrétiennes se sont multipliés rapidement à Péking, et y ont repris une partie de leur splendeur passée. On compte déjà dans la capitale quatre établissements catholiques : le *Pé-tang*, ou mission du nord, situé dans l'enceinte de la ville Jaune ; le *Nam-tang*, ou mission du sud, non loin de la porte de *Tchouen-tché;* enfin les missions de l'est et du nord-ouest, placées dans les quartiers correspondants de la ville Mongole.

Le *Pé-tang* contient toute une série de pavillons à un étage, séparés par de vastes cours, et une ancienne chapelle avec une tour entourée d'une balustrade en fer formant terrasse sur laquelle on peut monter. On jouit sur cette terrasse de la vue d'un immense panorama ; elle a servi à faire les premières épreuves photographiques qu'on ait essayées à Péking, et que nous devons au provicaire apostolique. Le parc de *Pé-tang* est superbe et tellement vaste que les Chinois lui donnent le nom de forêt, ce qui n'a rien d'exagéré pour qui a visité ces ombrages deux fois séculaires. Cet établissement, rendu tout récemment aux missions françaises, deviendra de la plus haute importance. Il avait été complètement ravagé au temps de l'expulsion des Jésuites ; mais les efforts de la populace de Péking ont été impuissants contre l'enceinte de la chapelle, formée de grilles fleurdelisées en fer massif qu'on n'a pu desceller, mais qui portent encore visiblement les empreintes de la fureur populaire. On y voit aussi une porte d'honneur monumentale, en style du temps de Louis XIV, avec des colonnes doriques, des feuilles d'acanthe, et deux vases grecs qui la surmontent ; elle fait le plus singulier effet au milieu de l'architecture fantastique du pays.

Le vicaire apostolique réside au Pé-tang ou église du nord, qui est dans la ville Jaune ou ville impériale : ce nom lui vient de la couleur des tuiles qui recouvrent les murs, le jaune étant la couleur réservée à l'empereur.

Outre la résidence du vicaire apostolique, le Pé-tang contient le grand séminaire, qui a une vingtaine de clercs, et, le petit séminaire une trentaine d'élèves.

M. l'abbé David, lazariste, savant naturaliste, y a organisé un musée.

L'empereur Kang-hi avait donné aux Jésuites français ce vaste établissement auprès de son palais, pour avoir toujours sous la main les étrangers dont il employait les connaissances en astronomie, en architecture, et avec lesquels il aimait à converser des mœurs et de la religion des Européens.

En 1860, les missionnaires trouvèrent le Pé-tang en très mauvais état ; mais les grands arbres existaient encore. Le gouvernement français était disposé à soutenir les missions. Mgr Mouly résolut d'établir sa résidence au Pé-tang, pour témoigner du souvenir que les catholiques conservaient de l'éclatante protection de Kang-hi.

On construisit une église dédiée au Saint-Sauveur. Quand les tours dépassèrent les murs impériaux, le gouvernement chinois se plaignit qu'on voulait espionner l'empereur dans sa résidence particulière. La légation fixa la hauteur à un nombre respectable de mètres pour laisser encore à l'édifice un aspect de bonne architecture.

On sait que la cathédrale du Pé-tang a été en 1886, après de longs débats, transférée au Silkworm Lake.

« Cet édifice, dit le décret impérial rendu à cette occasion, avait été élevé en dedans de la porte Hsi-au de la ville avec la sanction de l'empereur Kang-hi, il y a plus d'un siècle, et les prêtres qui y sont attachés se sont toujours conduits paisiblement et ont reconnu la bienveillance impériale.

» L'année dernière, des réparations ont été commencées dans l'enceinte du palais, près du lac du Midi, afin de préparer une retraite pour l'impératrice douairière. Pour les archives, il est devenu nécessaire de déplacer la cathédrale française. Aussi Li-Hung-Chang a-t-il envoyé à Rome l'Anglais Dunn pour arranger cette affaire. Simultanément, M. Détring, commissaire des douanes, a déterminé avec le missionnaire Favier et le consul Ristelhüber la place où le nouvel édifice serait élevé.

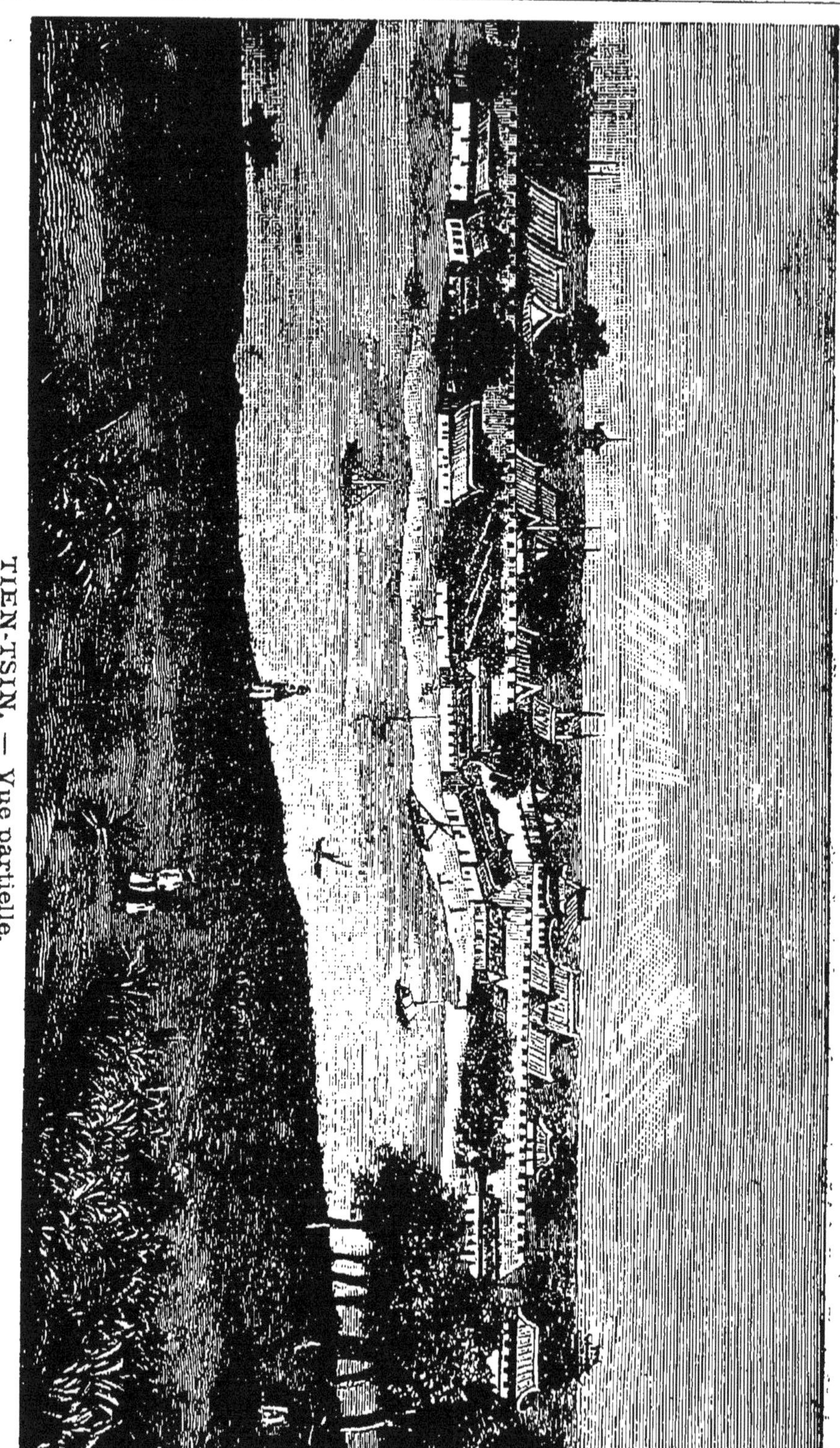

TIEN-TSIN. — Vue partielle.

» Le missionnaire a promis que cet édifice ne dépasserait pas cinquante pieds chinois de hauteur et serait, par conséquent, de trente pieds moins élevé que l'ancienne cathédrale ; que, de plus, la tour aux cloches ne dépasserait pas beaucoup le toit. M. Favier s'est ensuite rendu à Rome et a informé le chef de la mission de la conclusion de l'arrangement. Depuis, une communication a été reçue qui remercie de la bonté avec laquelle l'empereur protège les missionnaires, bonté que le Çiel rendra au centuple. »

Mgr Tagliabue, évêque de Péking, et le R. P. Favier furent, peu après, l'objet de hautes distinctions pour la part qu'ils avaient prise dans les négociations. Tous deux reçurent les insignes du mandarinat : l'évêque, le bouton rouge ; le Père, le bouton bleu-clair. Ce rapprochement entre les missionnaires et la cour marque peut-être une nouvelle ère pour le christianisme en Chine, en ce que le temps revient où les missionnaires sont élevés à de hautes dignités chinoises et peuvent redevenir les protégés du trône.

Ce que le *Nam-tang*, ancien établissement des Portugais, cédé aussi à la France, contient de plus remarquable, c'est la cathédrale catholique : cet édifice, bâti du temps de Louis XV, se compose de deux tours carrées, comme celles de l'église Saint-Sulpice à Paris, et d'un corps de bâtiment avec des fenêtres à ogives et des portes surmontées de fleurons. Cette cathédrale était dans un état de délabrement complet, et il a fallu de nombreuses réparations pour qu'elle fût rendue au culte. Enfin, le jour de Noël 1861, la messe de minuit y fut célébrée en grande pompe, et les Chinois étonnés purent entendre le *gong* résonner dans leurs rues pour annoncer le passage du ministre de France, de Mme de Bourboulon et des gens de leur maison se rendant au service divin ; un grand nombre de Chinois catholiques assistaient également à la cérémonie. De ce jour, la liberté des cultes, décrétée par le gouvernement, était un fait accepté par la population.

Le collège catholique chinois est à côté de la cathédrale. Moins important que le collège des Jésuites à Zi-ka-wei près de Shang-haï, celui de Nam-tang présente aux Chinois de la capitale, avec ses jolies cours, ses cent élèves bien tenus, une idée exacte des établissements de France.

A une très petite distance de la cathédrale est la maison des Filles de Saint-Joseph, Congrégation chinoise fondée par Mgr Delaplace en 1875 pour donner l'instruction dans les chrétientés.

Dans la paroisse de l'est, Tong-tang, se trouve la belle église que Mgr Delaplace a élevée à saint Joseph, patron de la Chine.

La chrétienté de Péking possède deux cimetières au nord-ouest de la ville, près de la route qui mène au célèbre Yen-min-yuen, palais d'été des empereurs. A Chalaeul, Mgr Delaplace à créé un orphelinat agricole à côté du cimetière portugais, où reposent le Père Matthieu

Ricci, premier apôtre de la Chine, le savant P. Adam Schall et les autres missionnaires du Nam-tang. A quelques kilomètres plus loin est le cimetière français, qui contient les tombes des Pères du Pé-tang et les monuments élevés à la mémoire des officiers et soldats tués dans la campagne de Chine.

La province du Pé-tché-ly a été, vu son importance, partagée en trois missions, correspondant aux parties nord, sud-ouest et sud-est. Les deux premières appartiennent aux Lazaristes, la troisième aux Jésuites.

Le vicariat apostolique du Pé-tché-ly septentrional compte plus de 30.000 chrétiens, qui ont vingt-trois églises avec résidence pour le missionnaire, cent six chapelles publiques et quarante-sept oratoires appartenant à des familles isolées.

Le Pé-tché-ly occidental compte 25.000 néophytes et quatre-vingts églises.

L'évêque de cette dernière mission, Mgr Bulté, de la Compagnie de JÉSUS, vicaire apostolique du Pé-tché-ly sud-est, écrivait dernièrement de Tchang-kia-tchouang :

« L'année 1886, si féconde en tribulations et en désastres de toute nature pour les missions de l'Annam et du sud de la Chine, nous a apporté notre part d'épreuves, bien sensibles à nos cœurs, car elles ont eu pour résultat d'arrêter ici l'œuvre de la conversion des âmes. C'est ainsi que le nombre des adultes baptisés dans le cours de l'année n'a été que de 507. Il faut remonter jusqu'en 1864, c'est-à-dire aux premières années de la mission, pour trouver un chiffre aussi faible. Ce sont là de tristes mais inévitables effets de l'état violent où s'est trouvée la Chine depuis trois ans.

» A ces difficultés s'en sont ajoutées d'autres. Le printemps ayant été particulièrement sec, les premières moissons ont souffert sur plusieurs points du vicariat ; par contre, nous avons eu, en juillet et août, des pluies si abondantes que les champs ont été plusieurs jours sous l'eau. Le mal eût été léger si les rivières, grossies subitement, n'avaient rompu leurs digues en maints endroits, réduisant à néant les espérances des habitants de la campagne. Au sud, le Hoang-ho, à l'est, le canal impérial, à l'ouest et au nord, le Cha-ho, ont inondé la contrée, et là où les moissons n'ont pas été entièrement détruites, elles ont eu, du moins, fort à souffrir.

» La mission compte aujourd'hui 33.633 chrétiens, elle n'en comptait que de 10.000 à 11.000 en 1860. »

La résidence de l'évêque du Pé-tché-ly sud-ouest est à Tchang-kia-tchouang.

Cette localité est célèbre par le bel observatoire que les RR. PP. Jésuites y ont consruit.

Tchang-kia-tchouang est un petit village situé à 38° 17' de latitude nord, sur le 114° 50' de longitude est, dans la province du Pé-tché-ly.

XV. — MISSIONS BELGES.

Mongolie et Kan-sou.

FRANCHISSONS la Grande-Muraille, ce célèbre et impuissant rempart qui borde le royaume du Fils du ciel sur une étendue de 2.500 kilomètres, et jetons le regard sur les immenses contrées qui confinent au nord et à l'ouest à l'empire moscovite.

La mission de Mongolie est, sans contredit, l'une des plus vastes de l'Extrême-Orient.

Bornée au nord par les tristes et froides provinces de la Sibérie, à l'est par la Barrière des Pieux qui la sépare de la Mandchourie, elle a pour limite sud la Grande-Muraille, qui est la ligne de démarcation entre cette contrée et la Chine proprement dite. A l'ouest s'étendent, jusqu'au Thibet, les incommensurables déserts et les prairies sans fin où les Mongols nomades font paître leurs troupeaux.

Cette mission fut desservie jusqu'en 1865 par les membres de la Congrégation de St-Lazare, qui la cédèrent à la Société du Cœur Immaculé de Marie, créée vers cette époque à Scheut-lez-Bruxelles. Aujourd'hui, trois évêques et trente prêtres européens, aidés de neuf prêtres indigènes, y travaillent activement à la propagation de l'Évangile.

Pour arriver en Mongolie, les missionnaires remontent le Pei-ho jusqu'à Tien-tsin et se dirigent de là sur Péking et sur Suin-hoa-fou, chef-lieu de préfecture où les Lazaristes ont une résidence et un orphelinat de la Sainte-Enfance. De Suin-hoa-fou ils s'acheminent vers Tschang-tjia-kheou, ville de 200.000 âmes, desservie par la mission de Péking. Cette ville, très avantageusement située sur les frontières de la Mongolie et de la Chine proprement dite, est un vaste entrepôt où les Mongols viennent échanger leurs troupeaux, fourrures, laines, fromages, beurre, contre les produits du sud. C'est par Tschang-tjia-kheou que passent les caravanes qui font le commerce entre la Chine et la Russie. Cette dernière y a quelques comptoirs et un bureau de poste. La mission de Mongolie, obligée de s'approvisionner dans cette ville, y possède une maison, qui sert en même temps de dispensaire où l'on fournit gratuitement des remèdes, surtout aux enfants malades.

C'est à Si-wan-tse que réside le vicaire apostolique de la Mongolie centrale, Mgr Bax. Si-wan-tse possède une belle église, de style chinois, pouvant contenir deux mille personnes. L'édifice présente cette particularité qu'il est formé de deux ailes faisant un angle droit, au sommet duquel se trouve placé l'autel. L'une des ailes est occupée par les hommes, l'autre est exclusivement réservée aux femmes. En face de l'église se trouve le séminaire du clergé indigène, et, à quelques pas de là, un vaste orphelinat dirigé par des Sœurs chinoises soumises aux mêmes règles que les Sœurs de Saint-Vincent de Paul.

Dans ce district, Kotjia-innse, gros village situé sur la route de Tschang-tjia-kheou à Si-wan-tse, possède une jolie église chinoise et une résidence ; Wou-chau, au nord de Si-wan-tse, est doté d'une petite église européenne. Les autres chrétientés du district sont desservies par des prêtres établis dans l'une des résidences susdites.

La partie orientale de la mission est bien plus étendue que le district de Si-wan-tse. Au nord, on a le Ghe-schwi (Eaux noires), subdivisé en deux groupes, celui de Kou-li-thou et celui de Pie-liekhéou. A Kou-li-thou, est une église assez vaste où reposent les restes de Mgr Daguin, dernier vicaire apostolique lazariste de la Mongolie.

Le district des Eaux noires est de beaucoup le plus misérable de

Une forteresse de la Grande Muraille.

la mission. Tandis que, vers le sud, les montagnes sont couvertes de broussailles, ici elles sont entièrement dénudées : pour tout combustible on y a la paille de sorgho, et encore s'en sert-on d'une main avare, car la moisson manque presque annuellement, quelquefois par la trop grande abondance des pluies, plus souvent par suite de la sécheresse.

Au sud-est du Ghe-schwi se trouve le Quang-toung, qui a pour résidence principale Sio-mia-eul-kou, où s'élèvent une assez belle église européenne et un orphelinat de la Sainte-Enfance très bien entretenu. Il y a une autre résidence, Sint-jia-dze, et différentes chrétientés moins importantes. A Sio- mia-eul-kou reposent les restes de M. l'abbé Van Segvelt, de Malines, mort le 5 avril 1867, victime de sa charité en soignant les malades atteints de la fièvre typhoïde.

La Congrégation des Missions-Étrangères de Paris possède, dans ce district, le village de Notre-Dame des Pins. Là était autrefois le séminaire de Mandchourie,que Mgr Verrolles, vicaire apostolique de cette province, y avait transféré pour échapper aux vexations des mandarins de son vicariat.

Le Quang-toung est, sous le rapport du bien-être matériel,la partie la plus favorisée de la mission. On y cultive le coton et la plante qui produit l'indigo, et l'on y obtient le meilleur tabac de la Chine ; l'empereur y fait sa provision annuelle.

A l'ouest du Quang-toung, s'étend le district de Ge-hol, qui compte différentes petites chrétientés ; la principale est Lao-hou-kou, résidence du missionnaire. Elle possède aussi un orphelinat de la Sainte-Enfance. Le fondateur de la mission belge de Mongolie, M. l'abbé Verbist, d'Anvers, est enterré dans l'église de Lao-hou-kou, où il mourut, le 23 février 1868, pendant qu'il faisait la visite du vicariat.

Non loin de Lao-hou-kou se trouve la petite ville de Ge-hol, où les empereurs de Chine ont une belle résidence et un parc de chasse. Depuis que l'empereur Kia-kin y fut foudroyé au milieu d'une orgie en 1820, la cour n'y réside plus. Autrefois, les empereurs y organisaient presque tous les ans des chasses fabuleuses.

Un mot sur l'une des principales chrétientés mongoles, celle de Si-inn-dze. Si-inn-dze est situé sur la grand'route de Koui-kwa-tscheung à Péking, au 111° 40' longitude est du méridien de Paris et au 41° de latitude nord. C'est par cette voie que tous les produits de la Mongolie occidentale, bestiaux, beurre, fromage, pelleteries et feutres, pénètrent dans l'Empire du Milieu. En échange, les Mongols rapportent de Chine d'énormes provisions de riz, d'avoine, de millet, de thé et d'étoffes. Toutes ces marchandises sont transportées à dos de chameaux ou à dos de mulets.

Le grand nombre de voyageurs qui passent journellement à Si-inn-dze inspira aux missionnaires belges la pensée d'élever une église catholique dans ce village.

Construite d'après le plan et sous la direction de M. Alphonse de Vos, missionnaire, elle est de style ogival, et mesure en longueur 100 pieds chinois (44m.), en largeur 36 (11m.), et en hauteur 32 (10 m.). On a employé pour matériaux la brique cuite au four et la pierre blanche, luxe inouï en Mongolie, où l'on ne se sert d'habitude que de briques séchées au soleil. Elle est à trois nefs, et la voûte repose sur quatorze colonnes de bois d'une seule pièce. Le chœur, où la lumière pénètre tamisée par des vitraux, est entouré de six chapelles collatérales, dont il est séparé par six colonnes couronnées de chapiteaux octogones, unies entre elles par des arcs en ogive que surmonte un triforium. De légères nervures s'élancent des chapiteaux et vont se réunir au-dessus de l'autel, à une clef de voûte portant le monogramme du CHRIST entouré de la couronne d'épines.

Au-dessus du porche et de l'entrée principale se dresse, sur une tour de pierre blanche, une élégante flèche. De chaque côté, deux petits portails donnent entrée dans les nefs latérales. Le portail central est surmonté de l'inscription suivante, en lettres d'or : *Tien-Tschou-scheung-Thang*, temple consacré au Seigneur du Ciel. Au-dessus s'épanouit une rosace flamboyante encadrée des symboles représentant les quatre évangélistes.

Toute la partie de la Mongolie que nous venons de décrire est exclusivement habitée par des Chinois que l'exubérance de population dans le Céleste Empire a rejetés au-delà de la Grande Muraille. A mesure que le flot de l'immigration croît, les Mongols nomades se retirent plus au nord et à l'occident, avec leurs troupeaux et leurs tentes. Les Chinois de Mongolie sont civilement administrés par les autorités du Péking.

En Mongolie, le climat est rude. Le thermomètre descend en hiver jusqu'à 30° centigrades ; en été, il monte parfois à 40°. En mai, on ensemence les terres, et la récolte se fait vers la mi-août. Tout ce qui n'est pas rentré à l'époque du *pé-lou*, rosée blanche, est immanquablement gelé. Ce pé-lou, cauchemar des cultivateurs chinois, tombe le huit septembre. Le froid va crescendo jusqu'au commencement de décembre ; il est alors à son apogée, et il y reste jusqu'à la mi-février. A cette époque, il commence à diminuer, mais il fait habituellement sentir ses rigueurs jusqu'à la fin d'avril et souvent plus tard encore.

Il n'est peut-être pas de pays au monde où il y ait de plus brusques écarts de température qu'en Mongolie. Pendant le mois d'avril, le thermomètre indique, en plein jour, à l'ombre, 30° centigrades, tandis que la nuit il descend à 10° ou 12° au-dessous de zéro. Malgré ces changements, le climat de la Mongolie est sain. L'air est extrêmement vif et sec.

Généralement le sol est très fertile ; il est presque exclusivement composé de terre d'alluvion, et, pour peu que les pluies ne fassent pas défaut en été, les récoltes sont plantureuses. Les principaux produits sont l'avoine et le millet ; c'est la nourriture presque exclusive de la population. Dans les vallées abritées contre les vents du nord, on obtient aussi le froment. Les pommes de terre s'y sont parfaitement acclimatées ; carottes, navets, radis, poireaux, et une espèce de laitue, y viennent à souhait. Les moutons ne sont jamais parqués dans des bergeries ; aussi leur chair y est-elle savoureuse. Le gibier est très abondant : lièvres, daims, chevreuils, perdreaux, faisans et, deux fois par an, des nuées de canards, bécassines, sarcelles et ortolans. Rien de plus délicat que ces derniers lorsqu'ils reviennent du sud, où ils se sont engraissés dans les rizières.

Ce qui rend la vie excessivement rude en Mongolie, c'est la difficulté des communications.

Jamais une route n'a été tracée, jamais un pont n'a été construit au-delà de la Grande Muraille. On voyage eomme on peut, on se tient autant que possible dans les vallées, franchissant les montagnes à grand renfort de mulets et de bœufs, traversant les torrents et les rivières à gué ou sur la glace, suivant la saison.

Si l'on considère que le nombre des chrétiens répandus sur la surface de la Mongolie actuellement évangélisée s'élève de 17 à 18.000, on concevra facilement à quelles fatigues sont soumis les missionnaires, obligés, non seulement d'aller administrer les malades, mais de donner, au moins une fois l'an, la mission dans toutes les chrétientés de leurs districts.

Des conversions nombreuses s'étant produites sur des points éloignés les uns des autres, Mgr Bax a, en 1883, prié la Propagande d'ériger en Mongolie trois vicariats différents : celui du centre, celui du sud-ouest et celui de l'est. La Mongolie centrale a Mgr Bax pour vicaire apostolique ; la Mongolie sud-ouest est confiée à Mgr Alphonse de Vos, et celle de l'est à Mgr Théodore-Hermann Rutjes, tous de la Congrégation belge du Cœur Immaculé de Marie.

La Mongolie sud-ouest comprend le territoire des tribus des Ortous, des Eleuthes, des Ourats et des Maomingas ; elle est bornée, au sud, par la Grande Muraille, qui la sépare du Chen-Si et du Kan-Sou ; à l'est, à l'ouest et au nord, par le vicariat de la Mongolie centrale. Le vicariat oriental comprend le grand mandarinat de Gehol; il est limité, au sud, par la province chinoise du Pé-tché-ly; à l'est et au nord, par la Mandchourie ; à l'ouest, par le vicariat de la Mongolie centrale.

L'immense mission du Kan-sou se compose de la province de ce nom, du Kou-kou-noor, et de toute la partie occidentale de la Tartarie.

L'administration de ce vaste territoire est également confiée aux prêtres de la Congrégation de Scheutveld-lez-Bruxelles, et Mgr Ferdinand Hamer, évêque de cette Congrégation, en est le vicaire apostolique, avec le titre d'évêque de Trémithe.

Ce prélat réside à Lang-tchou.

Les principales chrétientés de sa mission sont Kan-tchéou, Houi-hien, Léang-tchéou et Kouldja.

Des écoles ont été fondées dans plusieurs villes ainsi qu'un hôpital pour les vieillards à Kan-tchéou.

XVI. — MANDCHOURIE.

On divise la Mandchourie en trois grandes provinces : au sud le Léao-tong, au centre le Kirin, au nord le Saghalien. Cet immense pays court depuis le 40° environ de latitude jusqu'au 56°, et du 115° de longitude jusqu'au 140° de Paris.

La partie ouest de la Mandchourie est en général un pays plat ; les immenses plaines de la Mongolie viennent y aboutir ; cette région est bien cultivée, car les Mandchous sont agriculteurs, et non pas nomades comme les Mongols.

Mgr Verrolles.— Cette mission a eu pendant quarante ans pour chef (1838-1878) un missionnaire normand, Mgr Emmanuel-Jean-François Verrolles, qui dépensa durant un demi-siècle ses forces au service de Dieu dans diverses provinces du Céleste Empire.

Ordonné prêtre le 31 mai 1828, M. Verrolles, après deux années de vicariat à Argences et à Aunay, entra au séminaire des Missions-Étrangères le 5 juillet 1830, et, le 30 novembre de la même année, s'embarquait au Hâvre pour le Su-tchuen (Chine). Il séjourna quinze mois à Macao, et arriva au Su-tchuen le 13 décembre 1832. Il excerça pendant trois ans le saint ministère dans la mission, puis Mgr Perrocheau le chargea de la direction du collège de l'Association, à Mo-pin, dans les montagnes du bas Thibet, sur la frontière chinoise.

Vers la fin de 1838, le Saint-Siège ayant détaché de l'ancien diocèse de Péking le Leao-tong et la Mandchourie pour en former un vicariat apostolique, M. Verrolles reçut la charge du nouveau vicariat. Les bulles qui le nommaient évêque de Colombie et vicaire apostolique lui parvinrent au mois de février 1840. Le 9 juin, il quitta Mo-pin, et, au mois de septembre, il se mettait en route pour la Mandchourie, où il n'arriva que le 2 mai 1841. Pendant ce long et pénible voyage, il avait reçu, le 8 novembre 1840, la consécration épiscopale des mains de Mgr Salvetti, vicaire apostolique du Chan-si.

En 1845, Mgr Verrolles dut quitter momentanément sa mission pour faire un voyage à Rome. Grégoire XVI lui ayant exprimé le désir qu'il profitât de son séjour en Europe pour exciter le zèle des catholiques en faveur de l'Œuvre de la Propagation de la Foi, il visita dans ce but la plupart des diocèses de France. L'éloquente parole de l'évêque-missionnaire eut un grand retentissement, et elle procura à l'Œuvre un développement considérable.

Le 15 juillet 1847, Mgr Verrolles quittait de nouveau la France, recevait quelques jours plus tard, à Rome, la bénédiction de Pie IX, et rentrait dans sa mission le 25 février 1848.

Eglise de Saint-Hubert en Mandchourie.

En 1854, Mgr Verrolles choisit pour coadjuteur son provicaire, M. Berneux, qui, depuis dix ans, travaillait dans la mission, et que son zèle, ses talents, et surtout l'honneur qu'il avait eu de confesser la foi, désignaient à ce choix. Le 27 décembre suivant, le coadjuteur était sacré évêque de Trémita *in partibus*. Mais peu après arrivèrent de nouvelles bulles, datées du 5 août 1854, nommant Mgr Berneux évêque de Capse et vicaire apostolique de Corée, en remplacement de Mgr Ferréol qui, par testament, l'avait demandé pour successeur. « Mon cher coadjuteur, écrivait le 15 décembre 1885 Mgr Verrolles, a été appelé sur un autre théâtre pour y continuer ses travaux et ses combats. Le 11 du mois d'octobre, il est parti pour Shang-haï, d'où il se rendra par mer en Corée. Son départ laisse ici un grand vide. C'est le second coadjuteur que je perds en l'espace de quelques années. Il y a neuf ans à peine que son prédécesseur, Mgr de la Brunière, tombait percé de flèches et mutilé par le fer des Ghilimi, près de l'embouchure du Saghalien. »

Venu en Europe une troisième fois, en 1869, pour le concile du Vatican, Mgr Verrolles prolongea son séjour jusqu'en 1875, afin de rétablir sa santé. Parti de Marseille le 23 mai, il entrait le 18 juillet suivant dans le port de Ing-tse, devenu le point le plus important de la Mandchourie, et dont le vicaire apostolique avait dû faire le centre de la mission.

Depuis son retour, il s'occupa de développer les œuvres commencées, fonda de nouveaux postes, installa à Ing-tse les Sœurs de la Providence de Portieux, diocèse de Saint-Dié. C'est au milieu de ces travaux apostoliques que la mort est venue le ravir à l'affection et à la vénération des missionnaires et des fidèles de la Mandchourie, le 29 avril 1878, à l'âge de soixante-treize ans.

Ghirin, appelée par les Chinois Tchouan-Tchang (la place des Barques), est après Moukden la plus grande ville au-delà de la Grande Muraille ; c'est la capitale de la Mandchourie proprement dite. Cachée au milieu des montagnes qui l'entourent, elle s'étend en demi-cercle sur la rive gauche du Songari. Comme toutes les cités Tartares, elle n'a aucune fortification. Ses rues principales et ses quais les plus fréquentés sont entièrement pavés en bois ; les clôtures des maisons, des cours et des jardins, sont généralement des cloisons de planches ; les abords de la ville et de la rivière sont encombrés de radeaux ou dépôts de bois de charpente et de chauffage.

La mission compte treize mille chrétiens dispersés dans un grand nombre de stations pourvues de chapelles.

« Nous bâtissons des églises, ou plutôt des chapelles, écrivait en 1869 Mgr Verrolles. On a terminé l'an dernier celle de la station d'où je vous écris, Saint-Hubert. Elle est dédiée au saint Cœur de Marie. Nous l'avons bénite solennellement. La croix qui surmonte sa flèche nous protège de son ombre, et les deux cloches consacrées par l'huile sainte purgent cette atmosphère infectée de paganisme, en même temps qu'elles chantent les louanges du DIEU qui créa le monde.

» Au nord, sur la terre mongole, à Pa-kia-tse, l'église vient d'être achevée, sauf la tour. A cinq lieues de là, l'église de Barberoi (Ouang-hou-tse-o-pang) est aussi terminée. En deçà de la Barrière des Pieux, dans le Leao-tong, nous avons Sainte-Paix (Ngan-sin-thae), et aussi l'église des Sables, qu'il nous a fallu bâtir deux fois. Vous connaissez déjà Saint-Joseph-des-Ours, les Saules et Notre-Dame-des-Neiges, où j'ai résidé si longtemps. J'en omets beaucoup d'autres aux noms étranges, comme Nénuphar, Montagne-Noire, les Pins, etc.

» Une autre église sort de ses fondements dans la petite ville de Niou-schoang. Ce n'est pas le port européen qu'on désigne à tort par ce nom. Ce port est la ville de Ing-tse, située à 20 lieues de là, à l'embouchure du Leao, et qui est devenue depuis quelques années la capitale de la contrée.

» Le style ogival, cette heureuse et sublime création du sentiment chrétien de nos pères, va fort bien aux Chinois. Ces voûtes aériennes qui s'épanouissent avec leurs arceaux comme un bosquet de verdure, ces rosaces, ces fenêtres géminées aux mille couleurs, ces contreforts, ces pinacles, ces flèches, tout cela est pour eux le beau suprême. Ils ne savent, dans leur admiration, que s'écrier : « — Comment a-t-on pu trouver toutes ces choses ! »

Mgr Dubail. — L'évêque actuel de la Mandchourie est Mgr Dubail, né dans le diocèse de Besançon en 1838, parti pour la Mandchourie en 1862, nommé vicaire apostolique de cette mission et évêque titulaire de Bolina le 24 mai 1879.

Le sacre de ce prélat donna lieu au mois de novembre 1879 à une magnifique cérémonie.

« Jamais, écrivait un missionnaire, jamais solennité semblable ne s'était vue en Mandchourie. Mgr Verrolles, de pieuse mémoire, conféra bien, il y a quelques années, l'onction épiscopale à Mgr Berneux, vicaire apostolique de Corée, dans cette même chrétienté de Chaling; mais alors on avait dû, par prudence, défendre aux chrétiens d'assister à la cérémonie, de peur de donner l'éveil aux païens. Aujourd'hui, les païens eux-mêmes demandent comme une grâce qu'on leur permette de prendre part à la fête : ils viennent avec les chrétiens à la rencontre du pontife élu et du prélat consécrateur ; bon nombre d'entre eux, portant des étendards chinois, se rangent sur le passage des deux évêques, et cela dans une ville qui ne renferme encore que 200 chrétiens. A Cha-ling même, la musique païenne demanda à rehausser l'éclat de la solennité. Malgré la neige qui tombait, la vaste église et la place qui la précède ne pouvant contenir tous les curieux, les rues en furent elles-mêmes encombrées.

» A l'heure fixée, les séminaristes, les principaux catéchistes des différentes chrétientés de Mandchourie et vingt missionnaires de

Mandchourie et de Corée, se rendirent à la résidence pour accompagner Leurs Grandeurs. La procession put, à la satisfaction de tous, se faire dans la rue, au chant du *Veni Creator* et au bruit des détonations de milliers de pétards, auquel vint, à diverses reprises, se mêler la voix plus majestueuse et plus grave du canon.

» Alors commença la belle et touchante cérémonie du sacre, qui arracha à bon nombre d'assistants plus d'une larme de bonheur. C'était la joie d'une famille qui retrouve son chef. Depuis si longtemps nous étions orphelins ! Le veuvage de notre pauvre mission cessait, et le Souverain-Pontife Léon XIII nous donnait un évêque et un père.

» Jamais je n'oublierai la majestueuse dignité du saint prélat consécrateur, Mgr Ridel, dignité rendue plus noble par le souvenir de combats récemment soutenus pour la foi dans les prisons de Corée. Et qu'il était digne et majestueux, notre nouveau pontife, assis pour la première fois au milieu de son peuple ! Avec quel entrain nous chantâmes le *Te Deum*, pendant que le nouvel évêque parcourait l'église pour donner à tous sa première bénédiction ! C'était bien l'hymne de la reconnaissance qui s'échappait de nos cœurs. Tous, les païens comme les chrétiens, s'inclinaient respectueusement. Pauvres païens ! ils admirent sans comprendre. Ah ! puissent-ils bientôt ouvrir les yeux à la lumière de la foi et se soumettre au joug si doux de Notre-Seigneur ! »

Mgr Boyer. — Quelques années plus tard, Mgr Dubail se choisissait et demandait au Saint-Siège pour coadjuteur l'un des vétérans de la mission, Mgr Boyer. Le vénérable missionnaire ne porta pas longtemps le fardeau de l'épiscopat. Peu de mois après son sacre à Ing-tse une dépêche apportait la nouvelle de sa mort.

Ce pieux missionnaire avait cherché, durant les trente-deux années de sa vie apostolique, et presque parfaitement réussi, à se faire oublier de ses compatriotes et de ses amis. L'humilité était comme le cachet particulier de sa vocation. Il s'était fait une loi de ne jamais écrire dans les *Annales de la Propagation de la Foi ;* principe qui serait assurément une faute et un malheur s'il se généralisait, mais respectable dans l'intention. Il s'était promis aussi (et il a tenu parole) de ne jamais revenir en Europe. Quand vint à mourir Mgr Verrolles, dont il était le bras droit depuis de longues années, il avait eu à cœur de détourner par avance toute éventualité possible de promotion au pontificat. DIEU, qui inspirait cet indomptable sentiment d'abnégation, y collaborait visiblement. Mgr Boyer était appelé au travail et à l'humilité, et à rien de plus, Quand les circonstances le contraignirent d'accepter l'épiscopat, auquel depuis longtemps il se dérobait, il fut immédiatement enlevé de ce monde.

Mgr Boyer (Joseph-André) était né à Aix en Provence le 18 juin 1824. Entré prêtre au séminaire de Paris le 16 janvier 1854, il était parti le 25 août de la même année pour la mission de la Mandchourie.

XVII. — CORÉE.

JUSQU'A nos jours, de tous les pays de l'Extrême-Orient, la Corée était le seul qui se fût obstiné dans son isolement séculaire. De gré ou de force, la Chine, le Japon, le royaume annamite, ont vu successivement tomber les barrières qui interdisaient à l'étranger l'accès de leur pays. Pour la Corée, elle était demeurée fermée à l'Europe et sourde à ses propositions.

L'héroïsme catholique néanmoins, malgré des périls et des difficultés de tous genres, avait, il y a 50 ans, réussi à tromper la surveillance la plus ombrageuse. Mais les premiers apôtres de la Corée payèrent de leur vie l'audace de leur zèle et la fidélité à leur foi et à leur mission. D'autres continuèrent leurs travaux, et presque tous obtinrent, comme leurs devanciers, la couronne du martyre.

Jusqu'à ces dernières années l'Europe s'était peu préoccupée de la Corée. Ce pays, en effet, pauvre, sans industrie, n'offre pas au commerce des débouchés suffisants ; et personne n'avait songé bien sérieusement à le tirer de son isolement.

Les premiers rapports officiels de la Corée avec une puissance européenne datent de 1846. Auparavant Lapérouse en 1787, les Anglais Brougthon et Maxwel en 1797 et en 1816, avaient exploré les côtes de ce pays, mais sans réussir à ouvrir des négociations avec son gouvernement. Ce fut à l'occasion de la mort de Mgr Imbert et des Vénérables Maubant et Chastan, martyrisés le 21 septembre 1839, que la France entra, pour la première fois, en relations avec la Corée. L'amiral Cécile vint en 1846 avec deux frégates dans le but de conclure un traité et d'obtenir la liberté pour les chrétiens, et l'ouverture du pays au commerce français. Après avoir fait parvenir ses propositions au gouvernement coréen, il descendit vers le sud, annonçant qu'il reviendrait l'année suivante chercher la réponse.

Rappelé en France, l'amiral Cécile laissa à son successeur, le commandant Lapierre, le soin de donner suite à cette affaire. En conséquence, en 1847, la frégate la *Gloire* et la corvette la *Victorieuse* vinrent aborder en Corée. Malheureusement ces deux bâtiments furent jetés à la mer, et les équipages durent débarquer dans une petite île où ils demeurèrent plusieurs semaines. Les habitants se montrèrent bienveillants pour les naufragés, et les mandarins permirent même de leur vendre des vivres. Avant de quitter la Corée, le commandant Lapierre, qui, malgré le désastre de son escadre, ne perdait pas de vue l'objet de sa mission, écrivit au roi en lui demandant pour les chrétiens la liberté de religion. Cette démarche, si généreuse d'ailleurs, n'eut d'autre résultat que d'aggraver la situation des néophytes. La réponse du gouvernement coréen ne laissa aucun doute sur ses mauvaises dispositions. Une nouvelle tentative des Russes en janvier 1866 occasionna une cruelle persécution dont deux évêques et sept missionnaires furent les premières victimes.

Ce fut pour venger leur mort, et sauver des milliers de chrétiens voués à tous les supplices, que l'escadre française aborda en Corée, à la fin de 1866. L'amiral Rose, qui la commandait, fit lui-même en septembre une reconnaissance jusqu'à la capitale, et n'éprouva nulle part une résistance sérieuse. Au mois de novembre, toute l'escadre mouilla en vue de la ville fortifiée de Kang-hoa, dont elle s'empara sans coup férir. Surpris et terrifiés, les Coréens prenaient la fuite à l'approche des Français, et Séoul serait tombée au pouvoir de nos marins si l'on avait profité de la panique causée par leur arrivée. Malheureusement on temporisa, on laissa les Coréens se reconnaître et accourir à la défense de leur pays, et, après avoir échoué à l'attaque d'une pagode que les satellites avaient fortifiée et où ils s'étaient massés en assez grand nombre, l'escadre quittait la Corée pour n'y plus revenir.

Peu après le massacre des missionnaires, un navire de commerce portant le pavillon des États-Unis d'Amérique, le *Général Sherman*, fut capturé dans les eaux de Corée et devint avec tout l'équipage la proie des flammes. Pour réparer cet affront, en 1871 l'amiral américain Godgers entreprit une nouvelle expédition. Les Coréens, cette fois, opposèrent aux envahisseurs une vive résistance. Les Américains réussirent néanmoins à s'emparer de plusieurs forts ; mais, n'ayant pas d'instructions ni de forces suffisantes pour continuer la lutte, ils prirent le parti de se retirer, et cette retraite, comme celle des Français en 1866, produisit aux yeux des Coréens et des Chinois l'effet d'une véritable défaite.

Mais l'Église, qui n'abandonne jamais ses enfants, ne demeurait pas insensible à leurs malheurs et inattentive à leurs besoins. Dans une lettre admirable adressée aux chrétiens persécutés en Corée, S. S. Pie IX, après avoir pleuré sur les maux qui les frappaient et exalté le courage des martyrs, promettait de venir en aide à ses fils persécutés : « Pour nous, disait-il, bien qu'éloigné, nous vous accompagnerons en esprit au combat, et, par nos prières incessantes, nous vous procurerons le plus grand secours que nous permettra notre faiblesse. Et de peur que, privés plus longtemps de pasteurs, vous ne soyez comme des brebis dispersées, exposés à un plus grave péril, nous aurons soin, le plus tôt possible, de remplacer par un homme qui ait le même zèle et la même énergie celui qui a déjà reçu la splendide récompense due à ses travaux. » Et, quelque temps après, Pie IX confiait à un des rares survivants de la persécution de 1866, à Mgr Ridel, l'héritage sanglant des Imbert, des Berneux et des

Daveluy, l'appelant à continuer leurs œuvres et, au besoin, à verser comme eux son sang pour JÉSUS-CHRIST. C'était l'année où le Concile du Vatican réunissait dans la Ville Éternelle tous les évêques du monde.

Après avoir reçu l'onction pontificale qui donne la force, et proclamé avec l'épiscopat catholique l'infaillibilité de Pierre et de ses successeurs, le nouvel évêque prit de nouveau le chemin de la Corée et se disposa à remplir sa mission. Il fallut plusieurs années pour franchir les barrières qui lui fermaient l'accès de sa patrie d'adoption. Ce fut seulement après avoir couru bien des dangers, renouvelé plusieurs fois des tentatives toujours infructueuses, que Mgr Ridel put enfin mettre de nouveau le pied sur ce sol inhospitalier, et prendre possession de cette terre promise où l'attendaient de rudes combats et de cruelles souffrances.

Les vœux de Pie IX étaient remplis : le bon pasteur qu'il avait promis, dont il avait encouragé et béni la périlleuse entreprise, était enfin au milieu de son bien-aimé troupeau ; il avait, pour le seconder, quatre missionnaires pleins d'ardeur et de dévouement. Dès le premier jour, Mgr Ridel se mit à l'œuvre. A l'annonce de sa venue, les chrétiens partout dispersés reprirent bientôt courage. A voir leur empressement à recevoir les sacrements, à contempler la ferveur de leur zèle, on eût dit qu'une aurore de paix et de prospérité s'était levée sur l'Église de Corée. Le jour et la nuit ne suffisaient plus à satisfaire le désir qu'avaient les néophytes de voir, d'entendre ceux que DIEU leur avait envoyés pour consoler leurs douleurs, guérir leurs blessures, et leur apprendre à bien vivre et à bien mourir.

Rien cependant n'était changé à la situation d'autrefois, les dangers étaient toujours les mêmes ; c'étaient toujours les mêmes édits de proscription, toujours la même haine contre le christianisme, toujours les mêmes bourreaux prêts à verser le sang des martyrs. Aussi, à son arrivée dans sa mission, Mgr Ridel écrivait : « Nous sommes véritablement entre les mains du bon DIEU. Au milieu de mille dangers, sans force, sans protection, à chaque instant nous pouvons nous attendre à être arrêtés, à voir surgir une nouvelle persécution ; et cependant, jusqu'ici, par un prodige de miséricorde de la divine Providence, tout est en paix, tout va bien, nous n'avons eu aucun accident.» Hélas ! cette tranquillité devait être de courte durée. DIEU, dont les desseins sont impénétrables, réservait de nouvelles épreuves à cette infortunée mission.

Au mois de janvier 1878, les courriers de Mgr Ridel furent arrêtés sur la frontière chinoise, et des lettres, dont ils étaient porteurs, révélèrent au gouvernement coréen la présence, dans le royaume, de l'évêque et des quatre missionnaires, et occasionnèrent l'arrestation de Sa Grandeur et une nouvelle persécution contre les chrétiens. Heureusement, après avoir langui longtemps dans les fers, le prélat

CORÉE. — Le Tai ouen-Koun, Régent de Corée ; d'après une photographie.

fut délivré contre toute attente, grâce à l'intervention du gouvernement chinois. Mais les terribles émotions et les souffrances endurées avaient pour toujours ruiné sa santé. Il rentra en France, laissant le gouvernail de la mission aux mains de son coadjuteur. Depuis la mort du vaillant évêque (1884), une ère de paix et de prospérité semble s'ouvrir pour les chrétientés coréennes. A la suite de succès diplomatiques obtenus par le gouvernement japonais, qui, par la persévérance et la fermeté de ses efforts, a réussi à traiter avec la Corée et à en obtenir des avantages pour son commerce, les puissances européennes ont tourné leurs regards vers cette presqu'île inhospitalière, et les derniers traités conclus abattent les plus grands obstacles qui paralysaient le zèle des missionnaires.

Le vénérable successeur de Mgr Ridel, Mgr Blanc, vicaire apostolique de Corée, écrivait dernièrement de Séoul :

« Depuis que je suis missionnaire en Corée, en voyant le bien qu'il y a à faire, et celui que nous faisons grâce aux généreuses offrandes que nous envoie l'Œuvre de la Propagation de la Foi, bien souvent j'ai supplié le divin Maître de payer en faveurs de toute sorte les sacrifices de tant de chrétiens dont la foi est si vive et la charité si ardente. Puissent nos faibles prières être exaucées, afin que chaque jour des bénédictions plus abondantes et plus spéciales soient accordées à tous ceux qui font partie de cette Œuvre si chrétienne, si catholique, si nécessaire.

» Nous avons encore les mains liées ; mais, vienne un peu de liberté, nous allons être accablés de besogne. Tout est à organiser, nous ne possédons aucun de ces établissements qui font la gloire du monde catholique, nous en sommes encore à l'Église des Catacombes. Il y a à peine cent ans que notre sainte religion a pénétré en Corée ; mais, durant ce court espace, que de ruines amoncelées, que de sang versé !

» Pour le moment, nous sommes ici huit missionnaires avec 13.000 chrétiens ; à voir la tournure que prennent les choses, peut-être pouvons-nous compter sur une amélioration de notre position dans un avenir prochain. Mais laissons cela à la Providence, qui sait mieux que nous la part de liberté qui nous convient.

» La grande préoccupation actuelle est la cherté des vivres et de toutes choses, ce qui est dû en partie à la consommation des denrées que font les troupes chinoises d'occupation, et à l'introduction d'une nouvelle pièce de monnaie très dépréciée dès son apparition. Nous ne sommes pas précisément menacés de la famine, mais on aura beaucoup à souffrir ; et nous en particulier, nous aurons beaucoup à dépenser pour l'entretien du collège que nous avons réussi à établir à la capitale. C'est une école pour enseigner le chinois et le coréen aux enfants de la ville ; mais, outre la gratuité, nous sommes obligés de nourrir presque tous les enfants, qui, pour la plupart, sont des fils de pauvres veuves, ou habitent trop loin pour pouvoir aller et venir, ce qui nécessite tout un personnel. Nous avons été forcés d'agir ainsi afin de faciliter à ces enfants plus où moins délaissés les moyens d'apprendre les prières et le catéchisme. Vous savez que, malgré la pauvreté proverbiale de nos chrétiens, nous avons pu organiser parmi eux l'œuvre des dizaines, et, l'année dernière, ils ont prélevé sur leur nécessaire la somme de 243 fr. pour la Propagation de la Foi.»

Les martyrs. — Aucune autre mission n'a fourni en si grand nombre, dans la première moitié de ce siècle, des confesseurs de la foi chrétienne.

On nous permettra de détacher des volumineux *Acta martyrum* de cette contrée la page relative au martyre des Vénérables Laurent Imbert, évêque de Capse, Pierre Maubant et Jacques Chastan, de la Congrégation des Missions-Étrangères de Paris.

Au mois d'avril 1839, lorsqu'éclata la persécution, il n'y avait en Corée que trois missionnaires, Mgr Imbert et MM. Maubant et Chastan. Ils purent se soustraire quelques mois aux recherches des satellites. Mais, au commencement d'août, l'évêque fut arrêté.

On dirigea le prélat sur la capitale, où il fut remis entre les mains du grand juge des crimes et enfermé dans la prison des voleurs. Bientôt commencèrent les interrogatoires. Mgr Imbert eut à subir l'affreux supplice de la courbure des os.

Ce supplice consiste à lier fortement l'un contre l'autre les genoux et les pieds de la victime, et à passer dans l'intervalle deux bâtons, qu'on tire avec violence en sens contraire, jusqu'à ce que les jambes décrivent un arc tendu avec effort. D'autres fois ce sont les bras qu'on assujettit ensemble, au point de forcer les épaules à se toucher; et dans cet état une barre de bois, introduite entre les nœuds, soulève le condamné et le tient suspendu par ses poignets enflés et meurtris. Quand les bourreaux sont habiles, ils savent comprimer les bras et les jambes de manière à les faire seulement ployer sous l'action de la torture; mais s'ils sont inexpérimentés, les os se rompent au premier coup, et la moelle s'en échappe avec le sang.

On voulait, par cet horrible tourment, obliger Mgr Imbert à découvrir la retraite des deux autres Européens. Puis on lui demanda :

« — Pourquoi êtes-vous venu ici ?

» — Pour sauver des âmes.

» — Combien avez-vous instruit de personnes ?

» — Environ deux cents.

» — Reniez DIEU. »

A cette parole, l'évêque frémit d'horreur, et, élevant fortement la voix, il répondit :

« — Non, je ne puis renier mon DIEU ! »

Voyant qu'on ne pouvait rien tirer de lui, on le ramena à la prison, après lui avoir fait subir la bastonnade d'usage.

Peu de temps après, Mgr Imbert, apprenant qu'on ne saisissait plus guère les chrétiens, et que tous les efforts des persécuteurs n'avaient pour but que de prendre les Européens en quelque lieu qu'ils fussent, pensa sans doute que ses deux missionnaires ne pourraient pas tenir longtemps contre la meute lancée à leur recherche et dirigée par des traîtres apostats. Il leur adressa donc un petit billet latin dont voici la traduction : « Le bon Pasteur donne sa vie pour ses brebis ; si vous n'êtes pas encore partis par la barque, venez avec Son-Kiê-Tchong. »

MM. Maubant et Chastan n'eurent pas plus tôt reçu ce billet que, joyeux d'aller cueillir, comme par l'ordre de DIEU, la palme du martyre, ils prirent ensemble toutes les mesures pour se rendre à l'invitation de leur vicaire apostolique. Ils écrivirent chacun une lettre aux chrétiens pour les consoler, les encourager, et leur faire quelques recommandations relatives aux circonstances dans lesquelles ils se trouvaient.

Après avoir ainsi tout disposé, les généreux missionnaires, sachant que les satellites étaient à environ dix lys de là, se hâtèrent d'aller les rejoindre dans les sentiments d'une joie qu'ils ne pouvaient contenir (6 septembre). Bientôt on arriva à la ville de Hong-Tsiou. On les enchaîna, puis on les conduisit à cheval à la capitale, où ils furent remis entre les mains du grand juge criminel, et se trouvèrent ainsi réunis à leur évêque. Quelle joie pour ces amis dévoués de se trouver ensemble dans les fers pour le nom de JÉSUS-CHRIST !

De là on les transféra dans la prison des criminels d'État, où ils subirent pendant trois jours de nombreux interrogatoires devant les grands ministres, et reçurent chacun soixante-dix coups de bâton avant d'entendre prononcer leur sentence. Elle les condamnait à périr par le supplice de l'exécution militaire, et le jour de leur martyre fut fixé au 21 septembre.

Ce jour venu, on les conduisit au milieu d'un cortège de plus de cent soldats, à une lieue de la ville, sur les rives du fleuve. A l'endroit fixé, on avait planté un pieu, au sommet duquel flottait un étendard portant la sentence des condamnés.

Dès qu'on est arrivé, les soldats entourent les trois confesseurs, et les dépouillent de leurs vêtements, leur laissant seulement le pantalon. Ils leur attachent les mains devant la poitrine, leur passent sous les bras de longs bâtons, leur enfoncent deux flèches au travers des oreilles, et, leur jetant de l'eau au visage, les couvrent d'une poignée de chaux. Puis six hommes, saisissant les bâtons, font faire aux martyrs trois fois le tour du cercle. Après cette dérision, on les fait mettre à genoux, et, pour leur tenir la tête élevée, on la fixe avec une corde attachée à leurs cheveux. Enfin une douzaine de soldats, le sabre au poing, voltigent autour des martyrs, simulant un combat, et déchargent en passant un coup de sabre sur leur cou.

Le premier que reçut M. Chastan n'ayant fait qu'effleurer l'épaule, il se leva instinctivement et retomba aussitôt à genoux. L'évêque et l'autre prêtre ne firent pas le plus léger mouvement. Les têtes une fois abattues, un soldat les posa sur une table et les présenta au mandarin.

Quelques chrétiens voulurent recueillir immédiatement les restes des martyrs ; mais ils ne le purent, parce que les lois du pays exigent que les satellites fassent bonne garde. Cependant, vingt jours après, huit chrétiens courageux déterrèrent les corps, qu'on n'avait recouverts que d'un pied de terre, et les ensevelirent à quelque distance de la capitale.

Mgr Imbert, MM. Maubant et Chastan ont été déclarés Vénérables, le 24 septembre 1857, par S. S. Pie IX.

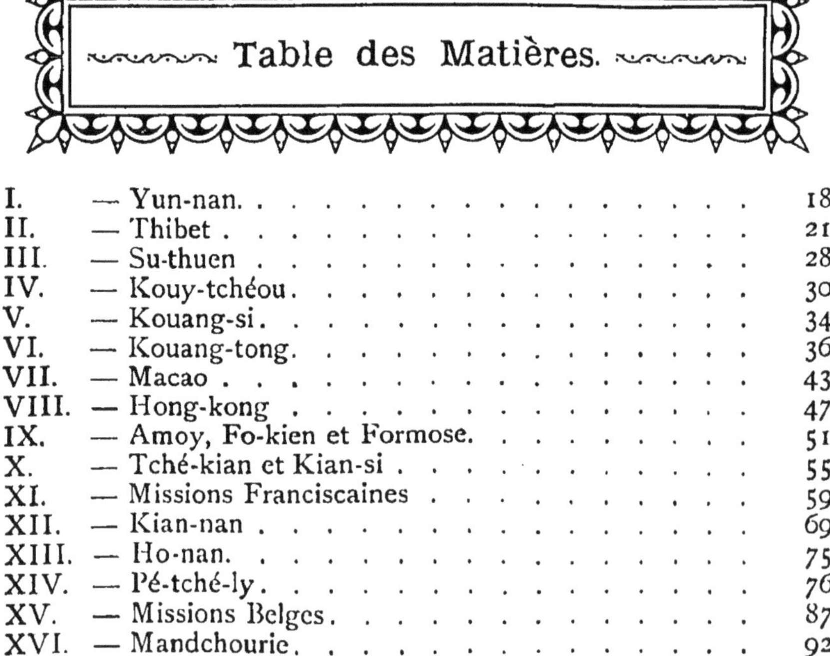

Table des Matières.

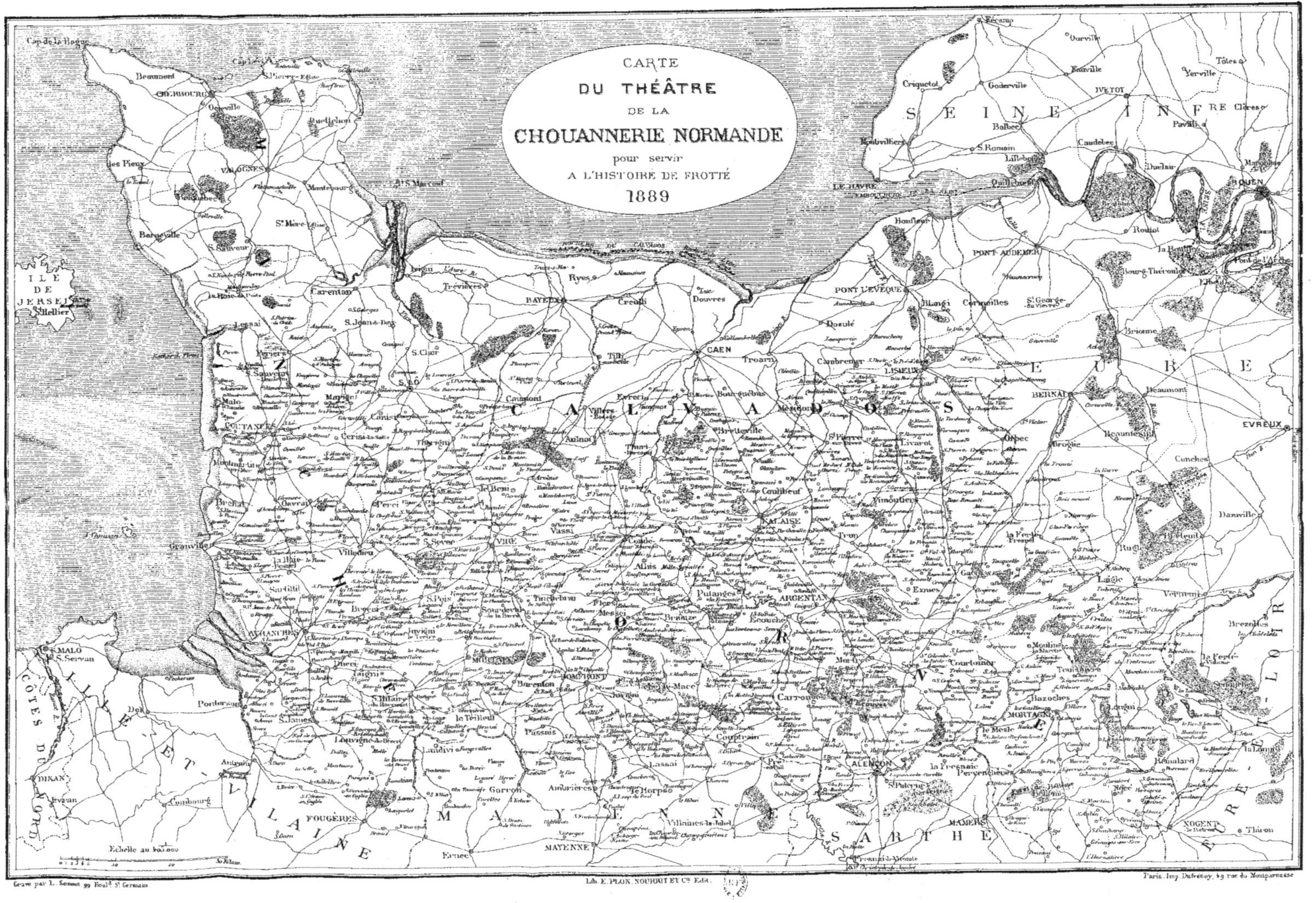
CARTE
DU THÉÂTRE
DE LA
CHOUANNERIE NORMANDE
pour servir
A L'HISTOIRE DE FROTTÉ
1889
CALVADOS
ORNE
EURE
SARTHE
MAYENNE
ILLE-ET-VILAINE
CÔTES DU NORD
ILE DE JERSEY
CAEN
BAYEUX
LISIEUX
ARGENTAN
ALENÇON
MORTAGNE
DOMFRONT
FALAISE
VIRE
CHERBOURG
VALOGNES
COUTANCES
AVRANCHES
S. LÔ
EVREUX
BERNAY
PONT-AUDEMER
PONT L'EVEQUE
ROUEN
LE HAVRE
FOUGÈRES
MAYENNE
MAMERS
NOGENT
Echelle au 800.000
Gravé par L. Sonnet 99 Boul.d S.t Germain
Lib. E. PLON, NOURRIT ET C.ie Edit.
Paris, Imp. Dufrénoy, 49 rue du Montparnasse

Société de Saint-Augustin.
Lille. Bruges.

www.ingramcontent.com/pod-product-compliance
Ingram Content Group UK Ltd.
Pitfield, Milton Keynes, MK11 3LW, UK
UKHW022118190726
13855UKWH00003B/932

9 782013 419116